图书代号：SK17N0644

图书在版编目（CIP）数据

春鸟集：张岂之学术随笔/张岂之著．—增订本．—西安：陕西师范大学出版总社有限公司，2017.5
ISBN 978-7-5613-9141-9

Ⅰ．①春… Ⅱ．①张… Ⅲ．①随笔—作品集—中国—当代 Ⅳ．① I267.1

中国版本图书馆 CIP 数据核字（2017）第 087053 号

春鸟集
张岂之学术随笔 （增订本）
CHUNNIAO JI
ZHANG QIZHI XUESHU SUIBI

张岂之 著

出版统筹	刘东风
选题策划	侯海英
责任编辑	杜莎莎　胡杨
责任校对	王丽敏
出版发行	陕西师范大学出版总社
	（西安市长安南路 199 号　邮政编码 710062）
网　　址	http://www.snupg.com
印　　刷	中煤地西安地图制印有限公司
开　　本	889mm×1194mm　1/32
印　　张	6
插　　页	4
字　　数	70 千
版　　次	2017 年 5 月第 1 版
印　　次	2017 年 5 月第 1 次印刷
书　　号	ISBN 978-7-5613-9141-9
定　　价	26.00 元

读者购书、书店添货或发现印刷装订问题，请与本公司营销部联系、调换。
电话：（029）85307864 85303629　　传真：（029）85303879

春鸟集（增订本）

张岂之学术随笔

张岂之 著

陕西师范大学出版总社

增订本新序

《春鸟集》（学术随笔文丛）1996年由中国社会科学出版社出版。此后，我一直继续写学术随笔一类的文章。2017年初，我决定将《春鸟集》加以扩充，承陕西师范大学出版总社热情相邀，由他们编辑出版增订本。

什么是"学术随笔"？即篇幅大都是比较简短的议论学术的文章，而且这些随笔式的短文都有较强的现实感。

我喜欢写学术随笔，针对某些与现实相关的学术问题，来谈一些自己的想法，其中没有大量材料的引证，也无须引证其他学者的见解，而是直抒自己的观点。但这些短文又不同于所谓杂文，因为它们所探讨的是学术方面的问题。

初版的《春鸟集》共有四编，现在的增订本重新分编：在陕西看中华文明；论中华优秀传统文化教育；论中华优秀传统文化的特色；师与友。

我感谢陕西师范大学出版总社的同志们，他们热情而诚恳的相邀，使这本小书能顺利出版，我衷心地希望读者朋友们加以批评指正。

张岂之

2017 年 1 月 27 日于西北大学桃园校区

旧序

唐代诗人顾况《听山鹧鸪》诗云:"谁家无春酒,何处无春鸟?夜宿桃花村,踏歌接天晓。"我喜爱这首歌的轻疾旋律,并受到诗人颂春情怀的感染,遂将我的这本学术随笔集定名为《春鸟集》。

这本集子所收都是随笔一类的文字,它们和学术论文并不相同。随笔的文字较简洁,篇幅较小。因而读者朋友从这些短文中更容易看到作者的"心",思想感情的交流会更加畅通些。

《春鸟集》分为四编。第一编为"短论·随笔"。我的职业和工作决定了这里所收的随笔探讨的是关于中国传统文化、道德与教育的问题。它们之间自有逻辑联系,构成一个整体。

学术工作者有自己的喜怒哀乐,这些很难在学术专著和论文中率直地表现出来。在这本集子里我有一两篇有感而发的小文,用了另一种形式,特别是青年朋友比较容易接受的形式来写我的爱好、我的理想和生活情趣。

第二编名"学术引路人"。写我尊敬的老师们。我没有写他们的具体的学术观点,而落墨于他们的高尚人品、诲人不倦的精神和各自独特的治学方法。我是怀着感激的心情来写这组文章的。

第三编名"序·后记及其他"。我自著和主编的书,每一本都着力写了序和后记。其中既有关于书的基本观点的说明,也有研究和写作过程的体验。这些都是我的心声的流露,有助于读者朋友们从一个小小的侧面去了解研究工作的甘苦。

最后一编为"论学书"。过去我和朋友们研究教育和学术问题,写了不少书信。在写的时候,并没有想到发表，提起笔来直抒所感，对与错、深与浅由朋友们去评定，自己没有丝毫顾虑。现在选几封信发表出来，读者看了这些也许会有一些亲切之感吧。

出版学术随笔一类的书，是中国社会科学出版社朋友们的新计划。他们的本意是想在人文社会科学工作者与读者朋友之间架设桥梁，沟通情感。这是一件值得称道的事。作为一名作者，我向社科出版社表示衷心的感谢。

一个新的世纪即将到来。在这个时候，我们也可以像春鸟一样，通过自己的学术研究工作去呼唤21世纪祖国的春天。

张岂之
1996年11月于北京

目录

在陕西看中华文明

002　陕西省黄帝陵与中华文明

010　在西安谈历史与文化

014　张载与关学

论中华优秀传统文化教育

018　21世纪与中华文化

027　跨世纪人的人文修养

037　关于"人文科技"型人才的培养

044　人文教育的一项内容：口才训练
047　公职人员的精神家园
052　青年与中华优秀传统文化
056　学校德育与优秀传统文化
060　道德教育随感
064　中国古代伦理（文化）政治之得与失

论中华优秀传统文化的特色

070　何谓"经典"？
074　人与自然的和谐 ——庄子思想点滴
079　荀子从"相分"到"相齐"的思想

085 我看秦文化

088 我看唐文化

092 读汤用彤先生著作札记——关于中外文化冲突和融合的观点

102 温故而知新——评吴宓先生关于中国传统文化的几个观点

109 苦味

112 谈所谓"国学热"

114 评清史专家卜键的《国之大臣》

师与友

120 老师

124 北大的北楼——文学院

131 永远的怀念——记外庐先生

142 任继愈先生的尊师重道精神——纪念任先生百年诞辰

148 春风化雨——记张岱年先生

151 史念海先生的学术研究与"西北"情怀

159 忆郭琦先生

170 悼念白清才同志

172 庆贺清华大学历史系建系九十年

在陕西看中华文明

陕西省黄帝陵与中华文明

一、中华民族有五千多年的文明史

黄帝和炎帝是中国远古传说中的人物,这些传说经过文字加工,保存在先秦时期的一些文献中。

传说不都是虚构的,只要有佐证,其中就有可信的部分。司马迁在《史记》中的叙述,以及后来中国考古学关于中华文明起源的探讨,都说明黄帝时期揭开了中华文明的序幕。

司马迁说,神农氏以前的事他不了解,在《史记》中不写燧人、伏羲、神农"三皇"之事。他写《五帝本纪》,作为中华历史的开篇。"五帝"即黄帝、颛顼、帝喾、唐尧、虞舜,"五帝"之首就是黄帝。

根据《史记·五帝本纪》,加上中华文明起源的考古研究,认定黄帝时代距今有五千多年。今天中华儿女称中华文明源远流长，有五千多年的悠久历史。

中华文明的开局是这样：在氏族部落的繁衍过程中，黄帝统一了黄河流域的大片土地，成为中原部落联盟的首领。黄帝时代，国家雏形确立，文字初现，又设官治民，推进原始农业，人们开始制作冠冕衣裳，制作车、船，学会打井、养蚕和缫丝，为中华民族的多元统一奠定了物质和教化的基础。后代子孙推崇黄帝，祭祀黄帝，认定黄帝是中华的人文初祖。

2015年2月，国家主席习近平到陕西视察工作，指出陕西省有许多特点，"黄帝陵是中华文明的精神标识"就是其中之一。对此加以阐发，使更多的人了解，从而建立坚实的文化自信基石，加强民族凝聚力，是十分必要的。

中华文明的精神标识有哪些？中华历史进入春秋战国时期，出现了"百家之学"的昌盛文化局面，其中渗透着探本穷源的辩证精神、天人合一的和谐精神、人格养成的道德精神、博采众家之长的文化会通精神、以天下为己任的经世致用精神，以及奋发图强、生生不息的民族团结精神等。

中华文明的精神标识是我们民族精神的源头，黄帝陵是这个源头的象征。对此,我们有这样的认知:"不论树的影子有多长,根永远扎在这里。"

二、中华文明的精神标识与史书

人们了解中华文明的精神标识,需要读史。2015年2月,国家主席习近平在陕西,建议干部们读《史记》与《汉书》。

司马迁,今陕西韩城人,他撰写的《史记》,是中华的第一部纪传体通史。在《史记·太史公自序》中,司马迁介绍父亲司马谈的《论六家之要指》,"六家"即六个思想文化学派:阴阳、儒、墨、名、法、道德(即道家)。司马谈受汉初"黄老之学"的影响,对道家的思想文化予以很高的评价。汉武帝时"罢黜百家,独尊儒术",因而司马迁推崇孔子和儒学,在《史记》中写了《孔子世家》,并为孔子的弟子们立传,称孔子为"至圣"。这些对中华思想文化有很大影响。

还要提到东汉时期史学家班固,今陕西咸阳人,他继承父业,用二十多年时间完成了《汉书》,即西汉时期历史的大部分。《汉书》是中国第一部完整的断代史史书。

《汉书》中有《艺文志·诸子略》，包含儒、墨、道、法、阴阳、名、纵横、杂、农、小说诸子十家的思想观点。《诸子略》有言："诸子十家，其可观者九家而已。"至于在街头巷尾说故事的小说家是否可称为"家"，尚可讨论。认为各家的思想观点"相反而皆相成也。《易》曰'天下同归而殊途，一致而百虑'"，表示对百家之学兼容并包的态度。正因为有这样的优良传统，中华文明才能长期传承发展。

还要提到，《汉书》中有《西域传》上下。西汉时期，玉门关和阳关以西的地域即今新疆乃至中亚地区，被称为"西域"。汉武帝时，张骞（今陕西城固人）艰苦备尝，用十三年时间，获得关于西域的认知，对汉朝的政治、经济、文化有很大影响。后来又第二次去西域。张骞通西域，使汉王朝的声威和汉文化的影响传播到西域，又由此传到欧洲。当时的中国以文明、富强的政治实体而闻名于世。

东汉时期，被封为"定远侯"的班超也为沟通西域做过重大贡献。这不但是物产、经济互通，而且是文明的交流互鉴。

关于两汉时期丝绸之路的状况，我们读了《汉书·西域传》就会有明晰的印象。唐宋时期又有海上丝绸之路的开拓，将中外连接起来。这些历史认知有助于我们今天对筑梦"一带一路"重大战略意义的理解。读史才能更好地知今。

三、中华文明中包含独特的科学精神

这是一个长久被人们忽略的问题,十分可惜。有人只承认西方近代的科学精神(从牛顿开始),否认中华有自身独特的科学精神。现在已到应当加以澄清的时候了。

2015年12月7日下午,中国科学家屠呦呦获得诺贝尔奖,在瑞典卡罗琳斯卡医学院用中文发表了题为《青蒿素:中医药给世界的一份礼物》的讲演,其中阐述了中国的科学精神。

中国古代的许多医学典籍中都有关于青蒿治病的记载。至于如何从植物中提取青蒿素,制作成适合人用的药物,需要科学家们进行研究。屠呦呦及其团队经过反复试验,得到从青蒿素中提取抗疟成分的启示,制成了药品,在非洲和其他地区使用,取得了很大疗效。屠呦呦在讲演中说:"通过抗疟药青蒿素的研究历程,我深感中西医药各有所长,二者有机结合,优势互补,当具有更大的开发潜力和良好的发展前景。……中医药从神农尝百草开始，在几千年的发展中积累了大量临床经验，对于自然资源的药用价值已经有所整理归纳。通过继承发扬，发掘提高，一定会有所发现，有所创新，从而造福人类。"

屠呦呦获得2015年诺贝尔生理学或医学奖，是世界对中国科学精神的认定和赞扬。

中国第一部编于战国时代，写定于西汉时期的医学经典《黄帝内经》，托名黄帝撰，实际上是战国时诸多医学家共同完成的，包括《素问》《灵枢》两大部分，共十八卷，一百六十二篇。《素问》的内容偏重中医人体生理、病理学、药物治疗的基本理论。《灵枢》主要论述针灸理论、经络学说和人体结构等。

值得注意的是，《黄帝内经》中有阴阳五行学说、儒家思想、墨家思想、道家思想，还有法家的若干见解。此外，名家、兵家等的某些思想也被吸纳，体现了博采众家之长的特色，说明中国医药学是百家之学的融会贯通。

2015年12月22日，国家主席习近平致信祝贺中国中医科学院成立六十周年，信中强调，中医药学是打开中华文明宝库的钥匙。可见，人们要全面理解中华文明，需要研究和阐述中国古代的科学精神。

司马迁名言:"究天人之际,通古今之变,成一家之言。"(《汉书·司马迁传》)"天人之学"中包含有中国古代的科学技术,从天文历算、中医药学、古地理学、古化学、古建筑学中都可看到"天人之学"的卓越成果。中华文明有自己独特的科学精神,这是必须加以肯定的。

四、中华文明是民族之魂

"文明"一词不是外来语,《尚书·舜典》中的"浚哲文明",指治国理政者应当具有文明的美德。《疏》解释说:"经纬天地曰文,照临四方曰明。"在中华历史文献中,对文明的赞美很多,如《易大传》有"见龙在田,天下文明""其德刚健而文明,应乎天而时行,是以元亨"等文字,认为具有文明美德的君子能与时俱进,其事业伟大而美好。与文明相对的是愚昧野蛮,由此产生了"文野之分"的理论,赞美前者,反对后者,这一直是中华儿女熟记于心的箴言。

关于中华文明,归纳起来,可以看到:

1. 中华文明有自己的源头,从黄帝开始,五千多年没有中断,这在世界上是仅有的。《易经·贲卦·彖辞》曰:"观乎人文,以化成天下",可见文化就是文明所产生的正面社会作用。

2. 中华文明在春秋战国时期孕育出博大精深的百家之学,这对中华民族的生衍发展产生了重大影响。

3. 中华文明在中国历史上为维护国家统一和民族团结做出了不可磨灭的贡献。一部中国历史实际上是中华文明传承发展的历史。

4. 今天,中华文明是实现民族伟大复兴的强大精神动力,它继续推动世界上不同文明的交流互鉴,致力于为人类的文明进步做出新的贡献。

(2016年)

在西安谈历史与文化

中国传统文化促进会和中国人民大学孔子研究院于2016年10月在西安市西南郊宾馆举办首届传统文化发展论坛,要我在会上发言,我发言的题目是:在西安谈历史与文化。

一、周公的"民本论"

我们开会的地点是西周国都所在地,名镐京。西周时大政治家周公,姓姬,名旦,他是周文王的第四子,武王的同母兄弟,周成王的叔叔。周公辅助周成王,制礼作乐,在国家建设上做出很大贡献。西周文明为"礼乐文明"。"礼"指礼仪制度,"乐"即音乐。周公认为,音乐可以"善民心",起到移风易俗的作用。

在中国历史上,周公最早提出"民本论",他有一句名言:

"人无于水监,当于民监。"(《尚书·酒诰》)古代的镜子称为"监",周公要求为政者不要用"水"做镜子,应以"民"为镜,时时对照,反省为政的得失。类似的论点屡见于周人的文献,可见在三千多年前中华已经产生了"以民为本"的思想。

二、中华文化的演进

战国时代,不同地域的文化存在着差异。秦始皇统一六国后,有融合地域文化的理想,没有成功。汉并天下后,到汉武帝执政时期,经过几十年的多次战争,地方分裂势力基本肃清,地域文化大体上完成了融合的历史过程。与这个总的形势相适应,汉武帝实行"罢黜百家,独尊儒术"的国策,其后,以汉族为主体的多民族国家文化共同体才真正形成。这个文化共同体,以儒学为主导,与其他思想文化相融合,推进中华文化向前发展。在唐宋时期,儒、道、释融合会通,产生了理学。

中华古代思想文化如泉之水,显示出强劲的生命力,形成了一条独特的自我创新之路,始终以一种开放的姿态吸取域内和域外的文化,在会通的基础上,消化吸收各家的理论成果,从而推动中华民族主流思想文化发展,同时保存地域文化的特色。这二者相结合,构成中华文化绚丽的色彩。

三、丝绸之路的历史与现实

西汉时期,玉门关和阳关以西的地域即今天新疆乃至中亚地区,被称为"西域"。公元前2世纪,西域分为三十几个小国,互不统属。匈奴以西域为基地,威胁着二十多个国家,也影响西汉边防的安全。

汉武帝决定派人出使大月氏,说服大月氏与汉朝一起夹击匈奴。在汉王朝担任郎官的张骞被派去西域。张骞亲历大宛、康居、大月氏、大夏等地,历经千辛万苦,十三年后才回到长安,向汉武帝汇报情况。后来,张骞又有第二次西域之行。

由张骞开拓的这一中西通道,后来一直发挥着经济和文化交流的作用,被人们誉为"丝绸之路"。

东汉时期,被封为"定远侯"的班超,也曾经为中外经济文化交流立下不朽的功绩。

陆上丝绸之路,由长安出发,经今甘肃、新疆到中亚、西亚各国，再到欧洲，全长七千余公里。还有海上交通，在唐宋时期有了很大进步，出现了从今天福建泉州出发的海上丝绸之路。

古丝绸之路在21世纪获得了新的时代意义。2013年9月7日，习近平主席访问中亚哈萨克斯坦时倡议，用创新的合作模式，共同建设"丝绸之路经济带"，以点带面，从线到片，逐步形成大区域大合作。这是中国领导人首次在国际场合公开提出共同建设"丝绸之路经济带"的重大战略构想，其巨大成效将惠及世界。

张载与关学

关学是北宋时期理学中的一个重要学派。何谓关学？河南、陕西之间有一个函谷关，关以西指称关中。关学由北宋思想家张载（1020—1077年）创立。张载祖上在大梁（今河南开封），后来迁到陕西关中郿县（今陕西眉县）的横渠镇，他在那里授徒讲学，所以又称张横渠。

张载的思想是通过对《周易》的阐发而表述的，他提出："为天地立心，为生民立命，为往圣继绝学，为万世开太平。"这四句话被称为"横渠四句"或"横渠四句教"，不是出自张载的文章，而是来自他的语录——《张子语录》。

第一句"为天地立心"。张载认为，人有见闻之知，这相当于我们今天所说的感性认识。除此，人还有德性之知。德性之知来源于战国中期儒学大家孟子的"尽心"论。张载称之为

"大心",认为君子应充分发挥"大心"的作用,"大心"和我们今天所说理性认识有某些相似。张载认为:人有见闻之知,又有德性之知,重要的是要有德性之知。他说"为天地立心",意思是君子应当用理性认知来思考天地万物之理。

第二句"为生民立命"。这是孔子、孟子儒学的优良传统。孔子说过:为百姓解除患难,尧和舜这些圣人也没有完全做到。张载将儒学的宏大志愿称为"为生民立命",符合儒学的基本信念,也反映了其时北宋的状况。当时人们面临两大困苦:一个是土地兼并,再一个是边患。总之,"为生民立命"讲的是解除百姓的患难和困苦。

第三句"为往圣继绝学"。张载讲的"绝学"指以孔子、孟子为代表的儒学传统。在张载看来,孟子后没有出现过真正继承孔孟思想的学人。唐朝韩愈虽然写了《原道》一文,提出了儒学的道统论,从西周文王、武王到春秋时的孔子再到战国时的孟子这个道统,但只是一些文字,缺少圣人之心。从这个意义上说,儒学中断了,成为"绝学"。张载认为,他创立的关学,才真正上接孔孟道统,要求以实际行动来实现儒家的理想,并以此为自己的使命。

第四句"为万世开太平"。这是从思想学术的大方向去看复兴儒学的目标，是一个宏大的愿望。

2016年5月17日，国家主席习近平在哲学社会科学工作座谈会上的讲话，有一段就是发挥张载"横渠四句教"的。他说："自古以来，我国知识分子就有'为天地立心，为生民立命，为往圣继绝学，为万世开太平'的志向和传统。一切有理想、有抱负的哲学社会科学工作者都应该立时代之潮头、通古今之变化、发思想之先声，积极为党和人民述学立论、建言献策，担负起历史赋予的光荣使命。"从张载的"四句教"引申到现实，提出当前哲学社会科学工作者肩负的责任。我们应当有这样的责任感。

论中华优秀传统文化教育

21世纪与中华文化

20世纪即将过去,一个新的世纪——21世纪正向我们走来。全球有识之士都在预测21世纪的世界政治、经济和文化发展趋向。我就此问题发表一些看法,就教于海内外对此有兴趣的朋友们。

一、理性——中华文化的精髓

中华文化很早开始研究"人"自身。两千五百年以前,大教育家、大思想家孔子构筑了关于"人"的思想理论体系。不同于古希腊时期的苏格拉底和柏拉图,孔子不需要在现实世界之外创造一个美满的理念世界。在孔子看来,现实世界的人创造了文明和各种礼仪制度,而不是理论、理念创造了人。("人能弘道，非道弘人。"）他把"人"的地位提到了一个新的高度。

在孔子看来，人之所以为人，是因为人能思考，人有道德，人有求实精神。他所说的理性，不同于欧洲17世纪的大陆理性主义（不同于笛卡尔和斯宾诺莎）。孔子说：我懂的，就说懂；我不懂的，绝不装懂。（"知之为知之，不知为不知，是知也。"）这就是孔子所说的理性。基于这样的求实精神，人经过学习而接近真理（"道"）。总之，孔子强调后天努力可以使人成为高尚的人，他认为"学而时习之"才是人走向完善的必经途径。

孔子开创了中国儒家学派，他死后儒家学派出现了两位著名人物：孟子和荀子。他们都探讨人性问题。孟子说，人性本善，因而人能够经过学习而从善。荀子说，人性本恶，因而人必须努力学习才能从善。性善论和性恶论交锋，其实它们的观点并不完全对立，都强调人经过学习才能成为高尚的人。

从外国传入中国的思想学说，都要经受儒家理性精神的洗礼。例如从印度传入中国的佛教，规定"一阐提人"（断绝善根之人）不能成佛。这和中华文化精神不合。到了唐代，出现了中国的佛教宗派——禅宗。禅宗里的某一个派别说：人（不论什么人），只要"觉悟"了，皆可以成佛。佛的境界也是凡人可以达到的。至宋代和明代，有些思想家认为真理存在于人们的"心"中，经过努力，可以使真理在"心"中大放光明；真理不在遥远的、可望而不可即的天国里。

儒家的理性精神今天仍然具有生命力，但它必须和现代科学相结合，不能只在道德伦理的圈子里踏步不前。它需要走向世界，走向未来。同时也必须看到它的局限性，这种理性精神在历史上受到封建主义等级制和封建主义血缘关系的压抑和束缚。我们今天继承它，发扬它，就必须使它与当代的科学和生活接轨。

二、人生——中华文化的焦点

西方有些历史学家说，中华文化缺少自然哲学，其主体是政治伦理学说。这个论断其实并不全面。中华文化含有丰富的自然哲学，但是中国传统文化并非离开人生只讲自然，而是从人生出发去探讨自然，其理论又作用于人生，因而形成这样的公式：人生—自然—人生。

中华文化有两条主线：一条是上面提到的儒学，一条是道家学说。道家学说更加鲜明地表述了这个公式的特色。

道家创始人老子通过对自然的研究，总结出许多人生哲理，现在选择一二，做如下说明：

老子说：天下最柔弱的莫过于水，水穿过山谷，越过平原，水能克制最坚硬的东西。（"天下之至柔，驰骋天下之至坚。"）

由此悟出的人生哲理是：人应当像水一样柔弱，记住："不言之教"，"无为之益"，才是最宝贵的。（"不言之教，无为之益，天下希及之。"）

老子说：江海之所以能够容纳百川，是因为它居于最低的位置。（"江海所以能为百谷王者，以其善下之"。）

由此悟出人生哲理是：圣人欲真正为百姓所信服，就必须对黎民百姓谦恭和顺。（"是以圣人欲上人，必以言下之。"）

老子说：坚强的会走向死亡，柔弱的却会长存。因而凭借武力必将失败，强大的树干总有一天会折断。可见强大是转瞬即逝的，柔弱却是永恒不灭的。（"故坚强者死之徒，柔弱者生之徒。是以兵强则灭，木强则折。强大处下，柔弱处上。"）

老子从自然哲学回到人生哲学，认为立身处世，应当柔弱似水，谦恭少言。"不言""无为"不是什么都不做，而是不要强求去做，不要锋芒毕露，不要给百姓带来烦扰。只有这样才能成功，如老子所说，"无为"才能"无不为"。

老子对自然的观察很深刻，闪烁着智慧之光。这和古希腊哲学家赫拉克利特有相似之处，但他们又有明显的不同。赫拉克利特从自然反观人生，强调的是"斗争"；而老子则认为"贵柔"才是永葆青春的妙药。这也反映出中西文化相异的历史背景。在此我还想再强调一下，道家和道教的典籍对自然和人生做出了许多观察深刻的论述，有丰富的生活经验和处世智慧，在养生和延年益寿方面也做出了重大贡献。现在国际学术界对《老子》一书的重视，并非出于偶然。

中华文化没有纯粹的自然哲学。中国没有笛卡尔、斯宾诺莎这样以几何学方法论述自然哲学的哲学家，也没有康德、黑格尔这样的思辨哲学家。中华文化紧扣住"人生"这个主题，认为自然属于人生（人生在中华文化中包含两个方面：生活和养生），人生属于人。这和西方的文化公式——人生属于自然，自然属于上帝——不同。中华文化很重视群体之间的和睦相处，注重家庭伦理价值，以及由此给人们带来的人伦乐趣。

三、开放——中华文化的触角

中华文化不是封闭的文化,之所以有悠久的历史、顽强的生命力,原因之一是它带有开放的特色。这种开放的表现为中国境内各个民族之间的相互学习和共同创造。早在两千多年前的春秋时期,思想家和政治家们并不以自己的出生地为限,他们在中原各国宣传自己的主张,哪里最能发挥自己的聪明才智,就在哪里定居下来。孔子周游列国,不论在哪里,他的理想都难以实现,最后才回到自己的故乡——鲁国,过起教书的生活来。

唐朝创造出中国古代灿烂的文化,当时汉族向各个少数民族学习,少数民族也向汉族学习。唐代文化有些来自少数民族,有些则来自亚洲其他地区和国家。长安城里,人们以穿胡服、跳胡舞为时髦。另外,在唐朝政府内担任官吏的,也不限于汉人,还有少数民族成员和外国人(例如波斯人、日本人)。

中华文化开放的另一种表现,就是善于向外国学习。从西汉末开始传入的印度佛教,历经魏晋南北朝,至唐朝时达到鼎盛。中国人对外来的佛教并不照搬照抄,而是加以消化吸收,加工改造,形成了中国自己的佛教。天台宗、华严宗、禅宗等,就是唐朝时期中国佛教的宗派。到了宋代,中国化的佛教中某些内容和思维方式被儒学所吸收,并与道家的某些思想相互融合,于是形成了被称为新儒学(理学)的思想理论体系。

还要提到,16、17、18世纪,欧洲一些基督教传教士不远万里来到中国,他们学习汉语,了解民情风俗,和中国士大夫广泛结交。士大夫们也向外国传教士学习西方的自然科学和欧洲的教化风尚。这开拓了士大夫们的眼界,促进了他们的科学研究,徐光启、方以智这样的大学者应时而生。清代康熙皇帝也向传教士学过欧几里得几何学和土地测量法等,这些都是值得称道的。

在中国近代,一些有识之士到国外留学,寻求富国强兵之道。他们回国后,介绍西方的文化和科学,例如19世纪末严复介绍的达尔文、赫胥黎的生物进化论,在中国思想界产生过巨大的影响。

以上事实表明,中华文化的繁荣必须要有中国文化自身与人类优秀文化的结合。不过,历史是复杂的。在中国封建社会,特别是到了王朝衰微的阶段,有些当政者故步自封,闭关自守,以为这样便可以长久统治下去,然而这只是空想,不仅阻碍了历史的前进,而且限制了文化的发展。

四、未来——中华文化的弘扬

放眼21世纪,我们会想到人口、污染、现代病等。解决这些问题,不能只有一种药方,要靠全球的综合治理。在工业文明给世界带来幸福,同时也带来不幸的时候,人类需要更加健全的精神文明。也就是说,当"现代化"为人类带来生产力的高速度发展,同时也带来所谓的"现代病"的时候,人们就不能不特别注重精神生活的调剂。从这个意义上说,中华文化中的某些部分,到了21世纪,经过转化、改造,一定能为世界上较多的人所乐于接受。

例如,中华文化中重视家庭伦理价值的观点,对于缓解经济发达国家老年人的心灵孤独、改进儿童的家庭教育,甚至避免艾滋病毒的侵袭等,也许有一定的疗效。

再如,中华文化中重视道德修养、重视精神作用的论点,以及自然人生哲学,对维持社会稳定、摆脱现代工业带来的身心交瘁等可以产生一定的疗效。

再如,中华文化中的求实精神、对群体的重视、倡导中庸之道等,在21世纪有可能启发人们更加实事求是地观察世界。

再如，中国古代的计算数学，以及"浑沌"的无限空间观念，将会适应21世纪新的科学思潮，替代单纯的实证方法，在科学上做出更加伟大的创造。

有些科学家已经指出，在21世纪，人们可以看到东方文化中某些方面的昂扬。我相信这个预言有可能实现。

但是，我并不认为任何一种文化会成为世界文化的主体，这是不可能的。任何一个国家不论时间怎样推移，它只能以自己的文化为主体，即或是吸收外来的文化，也必须和本国的文化相结合。以纯粹的外来文化为自身文化的主体，达到文化的高峰，这在历史上还没有发生过。因此，中华文化在21世纪的昂扬，也只是说，其长处将逐渐被世界有识之士所了解，不过这要经过相当长的时间。我们应当清醒地看到，现在世界各国人民对中华文化的了解还很少，因此我们需要坚持不懈地做文化交流工作。除此，对我们中国人来说，在21世纪，我们既要发扬本国文化的优点，消除它对人们的消极影响，还要注意吸收其他国家文化的长处，充实和发展中华文化。

（1995年）

跨世纪人的人文修养

所谓"跨世纪人"泛指现在的年轻人，他们的工作和生活延伸至21世纪，他们是国家和民族的希望。

关于人文修养、人文精神，教育界和学术界有不同的理解。依我的浅见，人文修养和人文精神的特征是：第一，理论性。具有较高人文修养的人，必定具有理论探讨的兴趣，他们分析问题不是就事论事，而能够从整体上进行归纳概括，有一定的理论意义。第二，预见性。科学的任务在于从已知推向未知，从现象深入本质。富有人文修养和人文精神的人最善于从当前出发，预见事情的发展，提出积极的预防性措施。比如马寅初先生在20世纪50年代提出新人口论，主张对我国人口增长采取有效的控制措施，就是科学预见（超前性）的一个明显的例子。第三，整体性。人文修养和人文精神不是某一门人文科学知识的结集,而是各种人文知识的会合,其获得可使人具有较高的精神境界和崇高理想,以及敏锐的观察能力。第四,稳定性。人文修养和人文精神不是转瞬即逝的,具有相对的稳定性,从知识学角度看,它们是真理长河中绝对真理的粒子。例如"生有轻于鸿毛,死有重于泰山"的价值观,不只适用于某一个特定时代,它对于任何时代都是适用的,具有普遍性。

美好的精神气质仿佛肥土沃壤,它能培育爱国主义、高尚理想、文明礼貌以及优美风度等。跨世纪人应当具有这样的人文修养和人文精神。

这种精神不是先天生成的,要靠教育加以培养。关于人文修养和人文精神的教育,内容十分丰富,仁者见仁,智者见智。依我的浅见,这方面的教育首先应注意理论思维的训练。我赞成这样的看法:理论思维训练,最好的方法是学习哲学史,也就是人类理论思维的发展史。

关于中国哲学史,或者扩大一些,中国思想史,其最主要的资料无非三类。一类是先秦时期的某些经书,即所谓"五经"(《易》《书》《诗》《礼》《春秋》);一类是先秦诸子书;还有一类是宋代朱熹编的《四书集注》(《论语》《孟子》《大学》《中庸》称为四书)。今天要青年们读"四书""五经",是不切实际的,也无此必要。对于青年来说,我建议读两本书:《论语》和《老子》。理科、工科、农科、医科等专业的大学生可以利用假期来读。《论语》的注本很多,青年们没有时间和精力去翻这些古籍,但是杨伯峻先生的《论语译注》却是不可不读的。伯峻先生过去在北京大学中文系古典文献专业讲授《论语》一书,受到学生们的欢迎。他的《论语译注》一书在注和译上总结前人成果,又有新见解,篇幅不大,适合青年朋友们阅读。为什么跨世纪的人要读读《论语》?《论语》是儒家创始者孔子及其弟子的言论集,阐述了儒学的基本原则,对后代有深远的影响。儒家人生价值观重理想、重道义、重中庸、重道德等,其实都来源于《论语》。青年们有选择地读《论语》是有好处的,有助于他们建立根植于民族传统的正确人生价值观。除此,再读读《老子》。《老子》只有五千言,高亨先生的《老子正诂》、任继愈先生的《老子新译》,可以帮助青年们理解这本书。《老子》是中国的智者之书,凝聚了中国古老辩证思维的智慧,直到今天仍然有着旺盛的生命力。

人文修养还有一个重要内容,就是历史文物知识。我国有悠久的历史和灿烂的文化，地上地下文物种类繁多，丰富多彩。要了解中国历史的演进，只看文献资料不够，还需要有文物知识。现在举例来看，关于中华民族的文明起源，学术界有不同的看法，但是大家也有一个共识：中华文明的起源和农耕有密切的关系。史前时代没有文字记载，要了解当时的农耕，不能不依靠考古资料。考古资料告诉我们：中华的农业史已有一万年之久。

  炎黄时代的初创文明建立在早期农耕的基础上，由此形成了中华文明的源头。公元前12世纪末，中国进入稳定的农耕时期，在今陕西省渭河流域，周人开始扮演历史的主角。周文王以后，武王伐殷，创造了周代的礼乐文化。这是中国儒学的先驱。战国时代，农耕进入成熟时期。周平王东迁至洛邑（今河南省洛阳市一带），秦人入居西周王室故居，拥有岐（今陕西省岐山县一带）、雍（今陕西省凤翔县一带）以后，才开始"营邑"。秦孝公任用商鞅变法，使秦国逐渐强大起来。公元前221年，秦始皇统一六国，建立了大一统的君主集权制国家。秦代的政制奠定了后来中国封建社会政制的基础，我们总结漫长的中国封建社会历朝历代政制的得与失，需要了解秦国历史。

除上面提到的以外，古典文学也是人文知识的宝库之一。除古典小说外，青年们读读古典诗词，很有必要。王力先生的《诗词格律》、钱锺书先生的《宋诗选注》、金性尧先生的《唐诗三百首新注》等，可以指导我们阅读唐诗、宋词。

以上所谈关于跨世纪人的人文修养，只是提出了问题，表达了我的一些粗浅的看法，想借此抛砖引玉，引起大家的讨论。人文知识、人文修养，从表面看距离我们十分遥远，仿佛没有什么实用价值，但是它们的潜在功能却是不能低估的，其潜移默化的作用，可借用杜甫《春夜喜雨》中的名句："好雨知时节，当春乃发生。随风潜入夜，润物细无声。"

中国第一位大教育家孔子要他的学生读《诗经》，说过这样的话："小子何莫学夫《诗》？《诗》，可以兴，可以观，可以群，可以怨。迩之事父，远之事君，多识于鸟兽草木之名。"（《论语·阳货》）我们可以借用孔子的话说：跨世纪人学一点人文知识，多一点人文修养，可以开阔思路，鼓舞信心，了解民情，熟悉政事，孝敬父母，认识自然，妥善处理人际关系。这些品质和思想对他们来说都是不可缺少的。

附录　中国思想文化名著（篇）二十种

我给读者朋友提供一个书目，供大家选择书籍时参考。

1.《论语》，这是儒家创始人孔子及其弟子的言论汇编，由其弟子及再传弟子追记写成。可读当代学者杨伯峻《论语译注》，中华书局版。

2.《孟子》，战国时期孟轲及其弟子万章等作，或说是孟子弟子、再传弟子记述。其中，《离娄》《告子》《尽心》上下篇可细读。可读杨伯峻《孟子译注》，中华书局版。

3.《老子》，也称《道德经》。相传为春秋末期道家开创者老聃著，一般认为编定于战国中期，保留了老子本人的主要思想。可读高亨《老子正诂》、任继愈《老子今译》。

4.《庄子》，战国时期道家学派的著述总集。内篇为庄子著。其中，《逍遥游》《齐物论》《大宗师》可细读。可读郭庆藩《庄子集释》和当代学者陈鼓应《庄子今译今注》。

5.《孙子兵法》，春秋末期孙武著，为我国最早的兵书。其中，《计篇》《谋攻篇》《势篇》《虚实篇》《九变篇》可细读。可读郭化若《今译新编孙子兵法》。

6.《荀子》，汉代称《孙卿子》。西汉刘向看到过三百二十二篇，删去重复的二百九十篇，编定三十二篇。今本三十二篇，是经唐杨重新编定的。三十二篇中大部分为战国末期荀况所作。其中，《劝学》《富国》《天论》《解蔽》《正名》《性恶》诸篇可细读。可读当代学者梁启雄《荀子简释》，中华书局版。

7.《易传·系辞》，《易传》是解说和发挥《易经》的著作。对《经》而言称为《传》，又称《十翼》，或称《易大传》。约在战国末年成书。包括《象》上下、《彖》上下、《系辞》上下、《文言》、《序卦》、《说卦》、《杂卦》共十篇。《系辞》上下篇阐述了人们应顺应时势，自强不息的道理。可读高亨《周易大传今注》，齐鲁书社版。

8.《吕氏春秋》，亦称《吕览》，战国末秦相吕不韦集合门客编著，被视为杂家的代表作，内容丰富。其中，《重己》《贵生》《禁塞》《爱士》《去宥》《上农》诸篇可细读。可读许维遹《吕氏春秋集释》。

9.《史记·太史公自序》，司马迁首叙先祖世系，于其父司马谈事迹叙述较详，并录引了司马谈《论六家之要指》；次阐述《史记》写作宗旨；末系《史记》一百三十篇提要。

10.《论衡》，东汉时思想家王充所作，对经书和谶纬的"虚妄"提出批评。其中，《谈天》《自然》《订鬼》《实知》诸篇可细读。当代学者对此书的注释，有黄晖的《论衡校释》和刘盼遂的《论衡集解》。

11.《不真空论》《物不迁论》《神灭论》，此乃魏晋南北朝时期三篇名文。僧肇的《不真空论》和《物不迁论》是当时中国佛教所讨论的重大理论问题的总结。《神灭论》为南齐思想家范缜所写，以问答形式，阐述"形神相即"的无神论思想，反对佛教"形神相异"的理论。以上三篇见于任继愈《汉唐佛教思想论集》一书的附录。

12.《坛经》，禅宗的代表作，是禅宗六祖慧能的传教记录。可读当代学者郭朋《坛经校释》，中华书局版。

13.《张载集》，北宋时期思想家张载的著作汇集为《张子全书》，1978年中华书局改名《张载集》出版。其中，《正蒙》影响较大。

14.《西铭解》，作者为南宋理学家、学者朱熹，他撰著宏富，有《四书集注》《周易本义》等。可读篇幅不大的《西铭解》。

15.《传习录》，作者为明代思想家王守仁（阳明），其思想对明、清和近代都有影响。其著作后人编有《王文成公全书》，又称《阳明全书》，三十八卷。可选读《传习录》中的部分内容。

16.《明夷待访录》，明末清初学者、思想家黄宗羲著，是中国古代第一部有理论深度的抨击君主专制制度的著作。可读其中《原君》《原臣》《学校》等篇。

17.《张子正蒙注》，明末清初思想家王夫之著。王夫之著作现存七十余种四百余卷，后人汇总为《船山遗书》。从20世纪80年代开始，湖南岳麓书社出版《船山全集》。王夫之《张子正蒙注》，对张载思想的某些方面有继承也有发展。

18.《严复集》，严复为中国近代启蒙思想家。此书由王栻主编，中华书局1986年出版。全书五册，分诗文（上下）、书信、按语、著译、日记、附录等部分。可选读其中的《论世变之亟》《原强》《救亡决论》《辟韩》《天演论·译序》。

19.《仁学》，近代思想家谭嗣同著。1917年，上海文明书局出版十一卷《谭浏阳全集》。1954年，三联书店出版了蔡尚思、方行主编的《谭嗣同全集》。1981年，该书又出增订本，分上下册。《仁学》是其中的一部分，论述了中国实行变革的必要性。

20.《孙中山选集》，孙中山是中国近代民主革命的伟大先行者。《孙中山选集》上下卷，人民出版社1956年出版，其中精选了孙中山的著作、论文、讲演和电函。可选读部分内容。

关于"人文科技"型人才的培养[①]

21世纪将是一个以和平为主流的、经济和科技发展的新世纪。未来,社会问题、国与国的关系问题,以及人自身的问题必将引起更多人的注意。而我们中国人还要努力从事现代化建设。总之,创造一个和平的文明的新世纪,是大家共同的责任,对于跨世纪人尤其如此。

我们要注意跨世纪人的素质问题。所谓素质,有些看得见,有些则看不见。中国古话所谓"形、神"即相当于"素质"一词。形即外形、形体,神即精神。这二者的完美统一,内容与形式的完美结合,就是好的素质,即优秀的思想道德和科学文化素质。

跨世纪人的优秀素质首先表现在他必须是一个有高尚理想

[①] 1995年冬我应清华大学水利水电工程系团委之邀所做的一次讲演。

的人，以事业和国家为重的人，不是以自我为中心的人。

清华大学水利水电工程系张光斗教授，于1937年抗日战争爆发时离开美国哈佛大学，回到祖国。二十七岁时（1939年），他在四川长寿县桃花溪，负责设计建造了第一座中国人自己设计建造的水电站。新中国成立以后，他在三门峡、密云水库、丹江口水库、葛洲坝等地都付出了精力，做出了贡献。他的生活主旋律就是为理想为国家而奋战。

还要提到，清华大学水利系已故钱宁教授，他为黄河的治理做出了重要贡献。1979年，钱宁教授身患癌症，病魔未能动摇他为理想而奋斗的决心，他主动争取指导三峡工程泥沙问题的研究，1986年逝世。钱宁教授对工作执着认真，在水利界是有口皆碑的。

跨世纪人的优秀素质还表现在他们具有较高的理论思维能力，对社会科学理论有兴趣，具有深厚的学术修养，且善于探讨现实社会的诸种问题，并不是只懂技术不懂社会。从科学史来看，凡是在科学上有卓越贡献的大师，都是有思想的人，他们并不局限于自己在某一方面的创造发明，而能从更加广泛的意义上对创造发明进行理论思维的归纳。他们虽然不是哲学家，但是哲学理论思维的锻炼,以及他们对方法论的重视,成为他们进行科学创造的巨大动力。他们有了宏观的关于世界的理解,才可能在微观即专门的科学领域做出贡献。一个朴素的真理摆在我们面前:没有哲学的理论思维和哲学的方法论,就不会产生科学大师。21世纪科学的带头人必须具有哲学头脑,也就是说必须具有深厚的人文知识修养。离开这样的土壤,任何发明创造都难以产生。

跨世纪人还应当是具有道德修养的人,他们善于继承传统美德,对父母讲孝道,对朋友讲信义,对社会讲责任感。他们并不迂腐,懂得传统道德中哪些应当继承,哪些应当舍弃。他们立身处世,正直无私。

跨世纪人还应该是自强不息的人。探索世界奥秘,是要付出巨大精力和艰苦劳动的,轻而易举地发现世界某些方面的规律,成为科学大师,那只是空想。因此,真正有志于献身科学真理的人,需要有经受贫穷、孤独等侵袭的心理准备和承受能力。马克思有句名言:"在科学上没有平坦的大道,只有不畏劳苦沿着陡峭山路攀登的人,才有希望达到光辉的顶点。"(《马克思恩格斯全集》第二十三卷)跨世纪人很懂得科学群体的作用，他们在工作中善于团结别人，善于和别人共事，他们不是风头主义，也不是利己主义。他们服膺"三人行必有我师"的道理，具有谦逊好学的美德。

教育的功能在于提高人的素质，以上所说跨世纪科学带头人的素质要靠教育来培养，并不是天生的。

可以这样说：21世纪科学带头人的知识结构不能是单一的，而应是综合和复合的，这样才能适应未来科学的发展。因此，在21世纪活跃于学术和科学领域的人物，应当是"人文科技"型的人才。

他们具有较高的人文科学和社会科学素养。他们并不轻视人文社会科学，他们通过科学实践，深切了解在他们的知识结构中，人文科学和社会科学起着指导的作用。

许多教育家已经注意到"人文科技"型优秀人才的培养。起码已经认识到优秀科技人才不可缺少人文和社会科学修养这个真理。

我国在自然科学方面有造诣的著名科学家，在人文和社会科学方面一般都具有较高的修养。例如著名水利专家、清华大学黄万里教授在美国从水文学入门学习水利，以气象学、地理学、数学为副科,并研习地质学,同时对人文学科也有浓厚的兴趣。他在科学上的贡献,以及科学思维敏捷、观察能力强等,都和他的渊博知识分不开。

未来人才的培养,不能不考虑"人文科技"型。这类人才高瞻远瞩,不仅能看到自然,而且善于观察社会,这样就更加便于他们在科学上的发明创造,而且有助于他们成为优秀的管理人才。

培养"人文科技"型人才,首先需要教育家们真正认识到未来的优秀人才,必须具有较高的人文和社会科学修养。广博丰厚的知识储备能够提高人的思想高度。这样,他们观察问题时,才能站在"最高点"来进行综合分析。宋代大政治家、思想家王安石有一首诗,名《登飞来峰》:"飞来山上千寻塔,闻说鸡鸣见日升。不畏浮云遮望眼,自缘身在最高层。"他登上杭州灵隐山东南的飞来峰,见到日出的壮观景象,之所以不怕"浮云遮眼",是因为他站在最高层,看得远。我想把这首诗引申开来,说明在21世纪站得高看得远的人,肯定是有深厚的人文和社会科学修养的人。

我们现在培养跨世纪人才,需要引导他们在人文和社会科学方面打下牢固的基础。对于大学生来说，中国历史、中国文学史、中国思想史、世界历史这四门课都应当学习。它们是人文学科的基础。当然，引导大学生学习这四门课，不一定都要他们选读学分。这是不可能的。在工科为主的大学里，技术科学课程和专业工程技术课程占的比例很大，如果要在这些方面削减一些课程，而增加人文社会科学课程，在操作方面存在很大的难度。我们不应当强求。这就需要充分利用第二课堂，在第一课堂之外给学生做引导性的讲演，或者指定一些上述四门课程的相关书籍，让学生在寒暑假阅读。总之，要增强他们这方面的兴趣。中国历史、中国文学史、中国思想史、世界历史这四门课，或称这四个学科，从表面看仿佛没有什么实用性，和学工科的朋友关系不大，但究其实，这些对于人的优秀素质的培养是不可缺少的。这些学科可以起"变化气质"的作用，这就是最大的用途。明代于谦有一首《咏石灰》："千锤万凿出深山，烈火焚烧若等闲。粉身碎骨浑不怕，要留清白在人间。"以石灰的烧炼譬喻人的坚强意志和高贵品质。而要做到这一点，即做到人的灵魂的塑造和素质的提高，是不能用狭隘的物化的实用观点来思考的。

清华大学水利水电工程系的系风是：严谨、勤奋、求实、创新、民主、团结、开拓、奋进。水利水电工程系莘莘学子以此为座右铭，把自己锻炼成具有优秀素质的跨世纪人才。

新世纪属于现在的年轻人。我衷心希望年轻朋友们在新的世纪里作为"人文科技"型优秀人才，打好基础，逐步向科学大师的目标奋进。21世纪的中国，各个学科都会产生大师，这是国家民族的需要，这是社会主义现代化伟业所必然结出的人才硕果。

人文教育的一项内容：口才训练

由张伯苓先生创办的南开中学，有丰富的教育经验。随着岁月的流逝，人们越来越觉得从这中间可以吸取精神营养。抗日战争时期，我曾就读于重庆南开中学（由天津迁去的），后来一想起那几年的学习生活，便在记忆库里翻出最亲切的几页。其中一页就是当时学校的第二课堂。南开中学为学生开辟的第二课堂，内容丰富多彩，生动活泼，口才训练在诸多课外活动中占有重要的地位。当时，辩论会、讨论会和讲演会等是最受学生欢迎的几种活动。

在美国的一些大学里，学习商学、国际政治、国际贸易、法学和外交学的学生，按规定必须接受口才训练，为就业做好充分的准备。我觉得这一点也值得我们借鉴。

我国大学生的口才训练，这几年渐受重视。一些学校在课外组织了讲演比赛活动,很受学生欢迎。我有机会参加清华大学团委组织的关于爱国主义讲演比赛的评委会工作,听了同学们的决赛讲演。我深感这是一项既有思想内容,对学生口才训练又有裨益的活动。不过,仍有众多学校对这方面的工作缺乏全面、系统的考虑与安排。如何自觉地坚持学生的口才训练,还有许多事情可做。

对大学生进行口才训练,目的不是培养演说家。我想,口才训练的目的大致有这样几点:使学生能够简要地、有逻辑地表述自己的学习体会和思想观点。这种口才训练颇为重要。首先,他们大学毕业以后,有的做教师,有的从事科技工作,有的做管理工作,等等,各行各业都有一个人际交往问题,而思想观点和感情的交流,在更多的场合下要靠语言。其次,口才训练有助于提高学生理论思维的敏锐性,使他们能够及时地、准确地掌握别人说话的要点,并做出恰当的回答,不致发生"所答非所问"一类的笑话。还有一点也是不可忽略的,即口才训练和文明礼貌是联系在一起的,礼仪的重要表现形式之一就是语言。如果一个人语言粗俗,讲话不能与特定的场合相符,那就说不上礼貌待人。总之,口才训练的好处很多,这方面过去宣传得不够。

口才训练可以利用第二课堂进行。在第二课堂的多种活动中，辩论会、讨论会和讲演比赛等都是不可或缺的。而在正式的课堂和辅导教学中，教师向学生提问，请他们及时回答，由教师加以指点，或者开展一些讨论活动，请专家就如何讲演、发表意见等，做出有具体实例的报告，肯定会受到学生的欢迎。

我想特别强调，所谓口才训练并不是要学生去追求那种空泛的华丽的辞藻，或者要他们很不自然地摆出某种姿态，而是引导他们使用规范的语言亲切地、自如地、明确地阐明问题或观点。为此就要扩大学生的知识面，尤其不可缺少人文知识。要求他们背诵若干古代名篇佳作和古典诗词，似不为过。

跨世纪人需要有多方面的知识，需要有高尚的道德情操、优美的风度，以及较强的语言文字表达能力。这些虽然不是一朝一夕之功，但在大学里打下一个扎实的基础是很重要的。做学生工作的朋友们最好不要忘记给学生开展口才训练。

公职人员的精神家园

这里所说的"公职人员",泛指各个工作岗位上的人员。他们在紧张的工作之余,如果能对传统文化有兴趣,那就是最好的享受。为此必须排除一些思想障碍。

"一切都在变化,社会在前进。过去的东西,其价值观与市场经济并不相符。因而对于公职人员来说,他们需要学新知识,对过去的东西不必多费精力。"这种看法具有普遍性,但它只强调了一个方面,在论证上并不全面。固然,一切皆处于变化之中,没有变化社会就不能发展。但请不要忘记:在变化中还有相对的不变。例如人要吃饭,要做事,要休息,这些都是不变的。说它是相对的不变,是因为吃饭、做事、休息的内容会有所变化。价值观方面也有相对的不变。人的价值体现在他为社会为国家贡献了什么。自古以来就有做人的基本规范:

自尊自重,讲文明,讲道义。现代人的价值观不可能和前天及昨天断然决裂,毫无联系。尽管"道义"的内容有所变化,但其基本要求却是相对不变的。不论是看社会还是看个人,都既要看到变,也要看到相对的不变。这样才能把变革和继承统一起来。今天固然要多多学习新知识,但也要有选择地学习旧知识。孔子所谓"温故而知新",不无道理。有些数学家、电脑专家、物理学家研究中国古代典籍《老子》和《周易》,得到启示,从"旧"中发掘出"新"来,就是很有说服力的例子。

"作为公职人员,我有自己的专业,何必费神去了解传统文化?"我的浅见是:传统文化对于公职人员来说,是一门公共必修课。有这方面的知识,才能很好地了解自己的国家,了解我们的社会主义现代化伟业中,有哪些文化遗产要继承,有哪些要抛弃。这是非常必要的。例如,为了开拓旅游业,需要有传统文化知识。国际国内的交往自然也离不开传统文化。我的一位朋友告诉我:陕西某单位的一位公职人员外出办事,在返回途中遇到两位来西安考察的华裔教授,其中一位问:我们这次去西安旅游想看《雁塔圣教序》,您在西安工作,看过不止一次吧?这位公职人员具有丰富的传统文化知识,轻松地回答：原碑两块，分别放置在大雁塔底层南墙的左右，右碑是唐太宗撰文《大唐三藏圣教序》，书写从右到左。左碑是唐高宗撰文《大唐皇帝述三藏圣教记》，书写从左到右。书写者为"初唐四家"之一的大书法家褚遂良，时年五十八岁，非常值得看。教授们听后感到非常满意。不仅如此，在各种公事往来中，人们的言谈未必都是生意经，而传统文化通常是大家共同感兴趣的话题，这个题目最能打开人的心扉。

了解祖国的传统文化，不仅是为了工作，这也是人们业余生活中不可缺少的乐趣。公职人员需要有一些真正属于自己的时间，不是用来做公事，不是用来聊天，也不是用来看电视，更不是用来长时间搓麻将，而是用来欣赏书画、朗读诗词、鉴赏文物、阅读书刊、聆听音乐等。有些朋友在公余之暇临摹字帖，写得一手好书法，使人精神焕发。人的生活离不开一定的物质条件，也必须要有精神的调节，而传统文化可以给人们生活带来情趣。

何谓传统文化？文化是有思想的人创造的。人的有系统的思想称为观念文化，这是各种文化形态的理论基础。我国古代的观念文化主要是儒家、道家、法家等学说和佛学。除观念文化外,我国传统文化还有丰富的历史文物。文物含器物,如瓷器、青铜器、玉器、金银器、漆器、铜镜、古钱;含有艺术品,如书法、绘画;还含有古建筑、陵墓、古代服饰等。除文物外,传统文化中还含有古籍,关于文学、史学、医药养生、农学等的古代书籍,汗牛充栋。由此看来,传统文化的覆盖面是很广的。传统文化难免良莠不齐,我所说的传统文化是指其中优秀的部分。

公职人员要具备传统文化的知识,难道对上面所说的都要下一番功夫吗?当然不是。即或是研究传统文化的专家也不可能对上面列举的种种做到深入研究。我所说的只是掌握一些基础知识。要做到这一点并不难。比如要了解观念文化,并非人人都要读《论语》《老子》等书,只要大体了解什么是儒家、道家、法家和中国佛学也就差不多了。读一点介绍的书,翻阅一些专业辞典即可。关于文物,结合我们日常的参观访问,逐步积累知识,自然会有收获。至于古代的书籍,则随各人的兴趣,自由选择。举例来说,即或不是专攻中医药学的,如有时间读读《黄帝内经》,对于了解中医和保健养生的理论原理,会有不小的帮助。

再从微观方面说，一个人的生活要力求充满情趣。业余时间练书法、刻图章、研究茶道、修饰盆景、读《老子》……会给人们带来和谐与幸福。有了丰富的精神生活，人们才会真正感到自己是生活的主人。一句话，优秀传统文化是公职人员的一处美好的精神家园。

青年与中华优秀传统文化

我曾经在几所大学做过关于中国传统文化的讲演，大学生对中国传统文化表现出热情和兴趣。不仅是综合大学和师范院校，即或是理工科大学，也是如此。清华大学思想文化研究所开设了中国传统文化的相关课程，受到学生欢迎。我曾经在数百人的班上做过讲演，课间休息时，不少学生提出了很有深度的问题，使我感到欣喜。我到西安冶金学院为其研究生协会做过一次关于中国当前社会与传统文化的讲演，学生同样表现出强烈的求知欲。于是我想：给大学生介绍一些关于中国优秀传统文化的知识，实在很有必要。

这个必要性就在于"补缺"。大学生对于中国传统文化知道得比较少。他们在中学时期较少接触，考上大学以后又忙于公共课（如外语、高等数学等）和专业课的学习，没有多少时间来接触中国传统文化。这个"缺"是要补的。有的朋友说，大学生只对实用性的课程感兴趣，而对文学、史学、哲学之类理论性很强的课程没有多大的热情，因而讲中国传统文化是很难获得共鸣的。我的看法是：即或有类似情况，我们做教育和文化工作的，更需要对学生加以引导。如果讲授得法，"形象"内容与"理论"内容统一得好，大学生从中得到了知识和经验，对他们为人处世、认识过去和未来，对他们的国内国际交往，总之对他们文化素质、政治素质、思想道德素质、审美素质的提高有所帮助的话，他们会产生浓厚兴趣的。

我想要说明的是，中国传统文化课不能等同于中国哲学史课和中国思想史课。"文化"的含义比较宽泛，既含有人类创造的精神文明，也含有物质文明。建筑、饮食、服饰、绘画、文学、舞蹈、书法、医疗养生等都是文化不可缺少的部分。给大学生讲中国传统文化，如果只限于观念文化（哲学理论），而没有具体的文化成果（就是上面提到的建筑、饮食、服饰等）的介绍和解剖，那既不能全面地介绍中国传统文化，也不能唤起学生的兴趣。我觉得给大学生介绍中国传统文化，要有关于文化的具体素材，理论性的观点是由具体到抽象而得出的。给大学生讲中国传统文化的特点，如果只是从哲学史的角度去阐述（这是必要的），那就过于理论化了。于是，我从解剖若干首大家熟知的唐诗入手去阐述中国传统文化的特点。我在讲台上朗诵唐诗，学生们在座位上跟着朗读，大家真正地进行了感情的交流。接着，我再分析这些唐诗的文化意义，学生接受起来就方便得多了。我虽然没有专攻过中国美术史，但我可以借用这方面的资料，通过中国美术的发展史去看中国传统文化的特色，这就显得比较具体了。由此我想，我们研究中国哲学史、中国思想史的朋友，有很大的长处，就是理论思维能力很强，逻辑分析精到，这对于做高深的科学研究是不可缺少的。但是研究不等于讲课，科研专著不等于教材。讲课如果只是理论思维的活动，似乎不够，难以打开别人的心扉，这就需要有形象思维作为另外一翼。用"形象"做引路，"理论"做归宿，二者有机结合。

为大学生编写关于中国文化概论的教材，很有必要。对于这样的教材，我的浅见是：要既有理论，又不限于理论，对于丰富多彩的中华古建筑、饮食、服饰、书法、文学、艺术、医药、养生等的文化内涵都要有简洁明了的叙述，并配以插图。除此，还需要叙述少数民族对中华民族文化的贡献。观念文化是从具体的文化构成中自然而然得来的。如果教材过于理论化，则会减弱读者的兴趣（因为关于中国传统文化的教材只是入门书）。像这样的教材，在文字的锤炼方面也需要下很深的功夫。几十年过去了，我们今天再读朱自清的《经典常谈》和朱光潜的《给青年的二十封信》，仍能感受到这两位名家深厚的学术修养，他们平易近人、准确生动的文字至今仍为读者所喜爱。编写中国传统文化的入门书，最好有书画史（即书法和绘画。书法含篆书、隶书、草书、楷书和行书五大类；绘画分人物、山水、花鸟、走兽、虫鱼等画科）、服饰史、医药史等方面的专家参加，请他们提供素材，并从他们的专业出发去看中国传统文化，这样必将扩大编写专家们的视野，入门书的广度和深度才有保证。

学校德育与优秀传统文化

在青少年德育中,把我们民族的优秀文化作为教材之一,很有必要,有助于青少年接受社会主义精神文明中具有中国特色的价值观、道德观和行为准则。

爱国主义是社会主义价值观的核心,是现代革命历史的产物,但是它的思想渊源可追溯到中国古代。从我国古代优秀文化遗产中几乎找不到以个人为本位的思想资料,大量出现的是人们对家庭、国家应当承担的义务,也就是为群体奉献的思想。儒家创始人孔子说"人能弘道,非道弘人"(《论语·卫灵公》),认为人的价值在于发现和传播真理。由此引申出:人的价值集中表现在为真理、道义而生,必要时为道义殉身。于是,"杀身成仁""舍生取义"便成为中国历代志士仁人服膺的信条。这样的人生价值观在历史演变中具有不同的表现形式和内容,但其基本原则并无变化。今天，我们给青少年进行德育时，运用这些历史思想资料，将其与革命的传统相结合，并赋予时代发展的新内容，才会收到良好的教育效果。

社会主义道德观从我国传统美德中也可以找到思想渊源。举例来看，传统美德强调人们应当"闻过则喜"，"过则勿惮改"。孔子说"过而不改，是谓过矣"（《论语·卫灵公》），有了过错还不改，那就真是过错了。我国优秀传统文化不承认有天生的圣人，也不承认有绝对完美的人。孔子很坦率地说："丘也幸，苟有过，人必知之。"（《论语·述而》）承认自己有缺点和过错，别人指出，能立即改正，这才是大教育家、大思想家的实事求是精神。总之，中国文化遗产没有"原罪说"一类的思想，强调后天的学习，有错改了就好。更加值得重视的是，我国优秀传统文化总是将道德教育和思想方法的训练联系在一起，用哲学术语说就是伦理观和认识论相结合。例如，孔子的学生说，他们的老师有很高的道德修养（孔子提出了许多道德规范，如恭、宽、信、惠、敏等），同时又有端正的思想方法，他身上没有"意"（随意猜想）、"必"（片面肯定）、"固"（固执己见）、"我"（主观独断）。因此，孔子看问题比较全面，符合实际。应当指出，这样的思想资料对于我们今天进行道德教育颇有启发性。还有，中华传统文化中的八德——孝、悌、忠、信、礼、义、廉、耻——需要加以诠释，这在今天仍然有教育意义。

还要提到，优秀传统文化重视人的行为准则，强调执政者应该更加注意行为端正，带头在这方面下功夫。孔子说："苟正其身矣，于从政乎何有？不能正其身，如正人何？"（《论语·子路》）执政者自身端正，才能治好国家；如果自身不正，怎能使别人端正？孔子还说："其身正，不令而行；其身不正，虽令不从。"（《论语·子路》）执政者自身端正，即或不发命令，百姓也会拥护；如自身不行，即或法令很多，百姓也不会听从。这样重视行为准则的思想资料，在我国文化遗产中屡见不鲜。在我国历史上，受这种重视执政者行为准则的思想影响，产生了不少廉洁奉公、为民办实事的官吏，但是由于缺少法制的约束，仅靠道德教育，很难贯彻始终。

从以上关于价值观、道德观和行为准则的简要分析中可以看出，我们今天进行德育，必须联系优秀传统文化遗产。在这方面，许多学校开设的德育课程已经积累了不少经验，需要很好地加以总结。

　　使用祖国优秀文化遗产作为德育的思想资料，得有所抉择，有所研究，使它很好地为今天服务。同时，德育课程中优秀文化遗产的使用，是为了提高学生的思想道德和科学文化素质，在价值观、道德观和行为准则方面提供基本原则。这不同于学术研究和学术讨论，因此，我们对于材料的选择更要注意其科学性和稳定性，不能牵强附会。当然，讲解优秀传统文化，面宽一些比较好，不只是抉择道德伦理方面的资料，还要从丰富多彩的文学艺术、科学技术、历史文物诸方面选取合适的材料。这些不仅可以开阔青少年的视野，而且有助于提高他们的审美能力。

　　德育如何正确地使用祖国优秀文化遗产，是一个值得探讨的问题，建议教育领导机关重视这个问题。

道德教育随感

道德问题往往被人们忽视，原因何在？在笔者看来，道德不像法律那样带有强制性。在法律范围内，守法与违法之间的界限及其后果，比较易于辨识。可是道德却没有这样的强制性，它是在长期的社会生活中逐渐形成的行为规范。人们的思想和行为是否与这些规范相符，也就是说，道德行为与非道德行为之间的界限及其后果如何，有时比较难以确定。由此人们便形成了一个习惯看法：遵守道德规范与否，不会给个人带来直接的后果，因而不必重视它。

纠正这种习惯性偏见，要靠长期的教育和宣传，以便逐渐形成以讲道德为荣、违反道德为耻的良好社会风尚。这种宣传教育应当是生动活泼的，且紧密结合人们的日常生活。例如，近年来新闻媒体关于"见义勇为"正义行为的宣传，有人有事有分析，是很受人们欢迎的道德教育形式。除此，还需要编写深入浅出的、与法制教育相联系的道德规范手册，在其中阐明道德规范是怎样形成的、今天需要遵守怎样的道德规范（越简明越好）等。事实上，法制教育与道德教育是相辅相成、相互促进的。人们如果不遵守必要的道德规范，那就很难具有自觉的法制意识。可以这样说，所有违法的行为都是不道德的行为，因此我们今天所讲的社会主义道德规范，第一条应当是遵纪守法。这既是法制所需要，也是当今道德规范所必备的。

在道德教育中必然会遇到如何继承传统美德的问题。道德的产生、演变、发展离不开一定的历史条件，任何道德规范都有它的时代性和社会性。我们今天所讲的道德并不是以往道德的简单重复，而是既有继承又有创新，增加了当今时代所需要的新内容。同时还要看到伦理道德本身的特点，它不像上层建筑的重要组成部分法律，一定的经济基础的变化会引起与之相适应的上层建筑如法律制度和政治制度的急剧变化，而伦理道德在人类社会长期的历史演变中，含孕并发展了民族共性的因素，逐渐形成一个国家和民族的共同心理素质和文化品格，具有相对的稳定性和可继承性。例如，在中华民族的伦理道德遗产中,最突出的有"人格"和"国格"观念。孔子提出的"仁",就是中国伦理道德史上最初的人格观念。在他看来,高尚的人格必须具备五种品德,恭、宽、信、敏、惠,"能行五者于天下,为仁矣"(《论语·阳货》)。孟子又从道德心理学方面论证了高尚人格存在的必要性和可能性,并阐述了人格修养的途径,强调人活着要讲道义,讲骨气,辨是非。在他看来,圣贤是可以学来的,并非高不可攀。这些关于人格的论述,到了秦汉时代逐渐演变和扩大为国格观念。而国格则是国家的尊严、荣誉和品格的总括。在中国传统美德中,由人格、国格观念所衍生的爱国主义是十分宝贵的精神财富。对于这些传统美德,我们既要继承,也要创新,二者不可或缺。

  道德教育的核心是人生价值观问题。如果一个人的人生价值取向是利己主义,一切从"自我"出发,在这种思想的支配下,不可能产生高尚的道德情操和道德行为。道德所探讨的是:调整人与社会、人与人之间关系的行为准则问题,更多是如何履行自己应尽的各种义务问题。这和法律有所不同。法律是对人的权利与义务的界定,而且更多是从权利方面着眼的。既然道德有它自身的特点,那么我们在道德教育中,就更加需要从人生价值观方面去论述为国家为民族为社会群体着想的必要性。孔子说过"己所不欲，勿施于人"（《论语·卫灵公》），其正面意义是说，不论做什么事，都要想到别人，不能一切从鼻尖下的"我"出发。从孔子的这句话到社会主义道德原则的提出，恰好表明了道德在长期历史过程中所显示的特点和要求。

如此，有人也许会问：照你这样讲，道德岂不是距离现实很远吗？不。处处为他人着想，为人民服务，这种美好的道德行为在我们的现实生活中并不少见。

我们有责任普及道德教育，在建立完善的社会主义市场经济体制的过程中，更要鼓励人们做高尚的人、有道德的人、对国家民族有贡献的人。不能只看到物质而看不到精神，不能只看到技术而看不见人文，不能只看到商品的价格而漠视道德的价值。社会的有序和持久发展，需要物质和精神的辩证结合。因此，应在加强法制教育的同时，不放松道德教育，在思想道德方面强调不能见利忘义；人际关系不能商品化；理想和道义才是我们取之不竭的精神动力，如果失去了这个真理，将会丢掉一切。

（1995年）

中国古代伦理（文化）政治之得与失

中国古代道德伦理思想都和一定的政治联系在一起。在儒家看来，个人修养最终是为了治国平天下，因而在中国历史上存在着伦理与政治的结合。有些学者说，中国古代封建社会实施的是伦理政治，这是有道理的。

我们反观历史，可以看到，这种伦理政治有其长处也有短处。从长处看，首先，它提倡民本思想。《尚书·五子之歌》中的两句话"民惟邦本，本固邦宁"，可说是这种思想的起源。后来，《管子·牧民》强调："政之所兴，在顺民心；政之所废，在逆民心。"孟子把民本思想归纳为："民为贵，社稷次之，君为轻。"（《孟子·尽心下》）这种思想浸透于古代哲学、政治和文学著作中。在古代哲人看来，一个人的思想和行为真正体现了民本，就意味着他的道德修养达到了很高的水平。因此，道德与行事是联系在一起的。其思维方式是这样的：一个人的道德修养越高，越是明白事理，他立身处世也就越能顺从民意，并且能够为黎民百姓办实事好事。同样，一个人为百姓办的好事越多，说明他的道德修养越高。这也是古代士大夫们为之奋斗的目标。今天看来，伦理政治将道德与行动联系起来，是一个好传统。当然，古代所谓民本，并不是真正以黎民百姓为本，那时的历史条件做不到这一点，只是在以君主和社稷为主体的条件下来讲民本。封建社会在皇权至上的状况下才讲顺民心、顺民意，这无疑带有很大的历史局限性。

其次是忧患意识。孔子说："德之不修，学之不讲，闻义不能徙，不善不能改，是吾忧也。"（《论语·述而》）孟子也说："天将降大任于是人也，必先苦其心志，劳其筋骨，饿其体肤……然后知生于忧患死于安乐也。"（《孟子·告子下》）在他看来，道德君子将忧患留在生时，安乐存于死时；人在逆境中艰苦磨炼才能增加才干。实际上这是一种以天下为己任的博大胸怀。

春秋末期大思想家老子发现了"物极必反"的规则，要人们注意防止事物向坏的方面转化。《易·系辞下》有这样的话：

"安而不忘危,存而不忘亡,治而不忘乱",在安定中不要忘记危殆,在兴旺时不要忘记失败。努力消除危殆和失败的因素,如临深渊,如履薄冰,谨慎行事,以民心为心,为民谋幸福,才是长治久安之策。这些都是忧患意识的哲学基础。关于忧患意识最典型,也是最动人的话,是北宋时期杰出的政治家和思想家范仲淹在他那千古名篇《岳阳楼记》一文中所说:"居庙堂之高,则忧其民;处江湖之远,则忧其君:是进亦忧,退亦忧。然则何时而乐耶?其必曰:'先天下之忧而忧,后天下之乐而乐'乎!"这可以说是中国古代伦理政治中的精粹思想。

再就是"和而不同"的观点。中国人的思维方式,要在大一统中包容多样性,从多样性中寻求统一性。"和",即是多样内容的统一;"同",是单纯的一致。"和而不同"是在统一中包含多样的内容,而不是只此一家别无分店的简单一致。"和"与"同"是春秋时代两个常用术语。晏子曾对齐景公说,"和"就像八音的和谐,一定要有高低、长短、徐疾各种不同的声调,才能组成一首完整和谐的乐曲。"同"就正相反,如果琴瑟的声调都是一个样,怎么会有动听的声音呢?孔子说过这样的名言:"君子和而不同,小人同而不和。"(《论语·子路》)他认为,君子以"和"为准则,但不盲从附和,而且有自己的思想,小人则反之。"和而不同"的思想观点,对于个人来说,应多方面吸取知识。对于执政者来说,应避免独断专行,广泛听取意见,处事公正。这也是中国古代伦理政治中值得肯定的思想。

最后,"身正令行"。中国伦理政治很重视执政者个人的道德修养,主张言行合一,不能双重人格,不能说的是一套,做的又是另一套。孔子说:"苟正其身矣,于从政乎何有?不能正其身,如正人何?"(《论语·子路》)这里的意思是:执政者自身端正,才能治好国家;如果自身不正,怎能使别人端正?孔子这些话,说出了客观真理:治理国家的人,应着重从自身找原因;事情的成或败,往往不在外部而在于自身。

以上四方面似可认为是中国古代伦理(文化)政治所积累的丰富经验,值得我们借鉴。

古代的伦理政治也有糟粕。中国封建社会是一个等级森严的社会,其等级是以政治权力为标志的。这就是说,谁的官位大,谁的身份地位就高。而作为国家主宰的皇帝和皇权则是这个权力的核心。统治者为巩固封建社会的等级制,制定了各种礼制。

古代的礼制从主要方面看是用来区别尊卑贵贱的。这种礼制终于发展成为封建主义官僚政治。在这种状况下，道德伦理对统治者的约束作用便显得微乎其微了。这说明只靠伦理道德来调节政治，是不够的。

历史早已过去，但是它给后人留下了经验和教训。我国正在进行社会主义现代化建设。其中，经济建设和民主法制建设占有十分重要的地位，道德建设则不能离开经济和法制这样的主题。我们提倡道德，不是把它作为一种抽象的学理来探讨，而是把它视作为经济和法制服务的实践活动，其目的是提高人们遵纪守法、勤恳工作的自觉性和主动性。

论中华优秀传统文化的特色

何谓"经典"?

"经典"是我们在日常生活和学术研究中经常使用的词语,其内涵与外延似乎是不言而喻的。但实际上,往往不是这样,不少以"经典"命名的事物却常常使人产生疑窦:什么书才是经典呢?

在中国古代思想文化史上,"经典"本有明晰的所指:大多指典范的儒家典籍。如:"周公上圣,召公大贤,尚犹有不相说,著于经典,两不相损。"(《汉书·孙宝传》)"后重违母言,昼修妇业,暮诵经典,家人号曰'诸生'。"(《后汉书·邓皇后纪》)"自圣贤述作,是曰经典。"(《史通·叙事》)"祭祀之理,制于圣人,载于经典。"(《阅微草堂笔记·槐西杂志四》)当然,有些道家、道教或佛教以及其他宗教的作品,也被视为经典。"经典"单独使用,指儒家类的文化元典,意义虽然失于狭隘，但至少内涵是明晰的，不至于产生混淆或名不副实的现象。

中华文化源远流长，奔腾不息，具有百家之学的优秀传统和日新不已的创造精神。在今天，将"经典"局限于儒家元典并不符合时宜，但是，如果泛用"经典"也会导致"经典"一词名不副实，在客观上妨碍"经典"的文化意义和独特价值。"经典"如果被降低标准，会导致人们对真正"经典"精神价值的误解，所以这是一个重要的问题。

20世纪初，著名学者梁启超、章太炎、朱自清等对"经典"都有很精到的阐发与谨慎的使用。梁启超对胡适列举"国学最低限度"书目时宁列《三侠五义》《九命奇冤》等却不列史部的《史记》《汉书》《资治通鉴》等大发微词，原因是容易混淆"人人必应读之书"与"应该知道的书"。这给人们区分经典提供了重要参考。梁启超撰写《要籍解题及其读法》一书，不用"经典"而代替以"要籍"，就显示了可贵的谦虚谨严的治学态度和治学精神。章太炎《国学概论》中涉及的经典包罗面较广，经史子集都有，视野开阔，但基本是已有的经过时间检验的重要文献。朱自清在《经典常谈》的序中说，他使用的"经典"是广义的用法,包括群经、先秦诸子、几种史书以及一些集部的作品。即使字书《说文解字》在该著中也被列为经典,而且是入门首要阅读之书。他强调"经典训练"不完全等同于"读经",范围可以广些,但目的也是使人亲近经典,从更广阔的方面提升人们的学识、见解、学力和经验。朱先生列举的经典有全与不全(乃至节选的篇章)等,也都是经过思想学术史印证有恒久学术价值的典范作品。从以上举例可以看出,前贤们的治学实践和学术主张,有助于我们反思经典的衡量标准。

什么是"经典"?我的浅见是,至少应该有以下三项标准:一、经典是民族与国家的文化精髓,是能够集中反映其文化本质和价值理想的作品;二、经典具有独特性和无可替代的代表性,是难以复制和模仿的;三、经典是历史长期检验的产物,历久不衰,历史、时间是经典最公正的评判者。在这种意义上,经典无疑是人民精神家园的宝贵财富。它们像等待人们不断开掘的矿藏,能够在每一个时代闪烁出耀眼的光芒,激发人们不断地继承创新,促进中华文化发展。

至于今日我国人文社会科学的精品、杰作,有的学人认为,可以经过现在的某种"评审"将它们确定为"人文经典"。我觉得同时代的任何评审都不可能推出真正的经典，这是未来要做的事，个人的生命是有限的，不可能代替历史评价，对"经典"一词使用不宜泛化。

（2014年）

人与自然的和谐
——庄子思想点滴

一般都说老子、庄子是先秦时期道家的代表人物。其实，有学者（如胡适）早已指出，先秦古籍中并无道家之名。"道家"一词首见于司马迁的《史记》。不过，老子、庄子着重研究天道自然变化，由此认为"道"为天地万物的本原，给关于"道"的学说提供了丰富的理论思维。

庄子论"道"，在《庄子·知北游》《庄子·大宗师》等篇中有详细的论证，这里不去说它。我读庄子，觉得庄子所说的"道"既有法则（所以然），又有本体的意义。还有一层意思，即认为"道"是整体，如果要形容，它相当于庄子说的"浑沌"。请看《庄子·应帝王》中一段具有哲理性的描述：

> 南海之帝为儵，北海之帝为忽，中央之帝为浑沌。
> 儵与忽时相遇于浑沌之地，浑沌待之甚善。儵与忽谋

报浑沌之德，曰："人皆有七窍以视听食息，此独无有，尝试凿之。"日凿一窍，七日而浑沌死。

这里说的"浑沌"是自然整体，是不能分割的。如果一定要分割它，那就只有拿它的生命做代价。在庄子看来，整体并不是部分的相加。追根究底，整体与部分是一体的，问题是人们究竟从哪个视角去看。"道"是本根，从这个意义上说，它是整体。如从形形色色的事物来看，"道"又表现为纷繁复杂的具体世界。这样说来，整体即部分，离开整体就没有部分，离开部分整体就无法表现。因此，在庄子哲学中，整体和部分是辩证地融合在一起的。庄子论述"道"无所不在，在蝼蚁，在稊稗，在屎溺，等等，其实都说的是整体与部分的齐一，也就是共相与殊相的齐一。

庄子是中国思想文化史上论述"有对"互相齐一最为深刻的哲学家。他的着眼点不是事物的区别与对立，而是它们之间的一致与和谐。在他看来，人们如果用世俗的眼光来看，不同事物有不同的质，但是，当人们转而从"道"的角度看，就会了解，林林总总的事物其实都是"道"的存在形式，这就是事物的齐一性，亦可称同一。《庄子·齐物论》着重分析了这个道理。

庄子举了一个"朝三暮四"的例子。有位老者养了一群猕猴,每天用橡子喂养它们,原先早上发三升,晚上发四升,猕猴们十分愤怒。于是老者改变方式,早上发四升,晚上发三升,猕猴们欣喜异常。猕猴们只看到早晚橡子数量的差异,而没有计算橡子总数的齐一。这岂不是很可笑?庄子在这里进行嘲讽,世人大都囿于偏见,去寻求事物间的差别,从而产生错觉和偏见。人们只有觉醒起来,突破自身的狭隘经验,而从天地宇宙的齐一方面观察,寻求事物的同一,才能获得"至明之理"呀。

庄子是首先看到人的主体与事物客体之间存在齐一的哲学家。这中间透露出主体与客体相互转化的猜测,使人深思。《庄子·齐物论》中有这样一则故事:

> 昔者庄周梦为胡蝶,栩栩然胡蝶也,自喻适志与!不知周也。俄然觉,则蘧蘧然周也。不知周之梦为胡蝶与,胡蝶之梦为周与?周与胡蝶,则必有分矣。此之谓物化。

庄周梦见自己变成了蝴蝶,真是轻松愉快,不知还有庄周(没有主体意识)。觉醒以后,吃了一惊,原来自己是庄周(恢复了主体意识）。于是问题产生了，不知庄周梦见了蝴蝶，抑或蝴蝶梦见了庄周。可见区别主体和客体并不容易，而主体也是可以转化的。究其实，主体与客体还是齐一的，因而归根到底它们都是"道"的体现。及至人们感到要区别主体和客体的时候，才开始去探索不同事物变化的道理。在这里庄子提出了一个有趣味的哲学问题：主体与客体既是齐一的，又是物化的。也就是说，这二者既区别又齐一。

天外有天，楼外有楼。区别中还有区别，以至于无穷。因此，对于世人来说，千万不可局限于一隅，斤斤于尊卑贵贱的区分，而应当着眼于无边的广大世界，也就是说从"道"的齐一方面看种种世相。庄子在《庄子·秋水》中所讲的河神故事，不是发人深省的吗？

这个故事说，秋天水涨，百川流入黄河。河神很高兴，自以为天下第一。他顺流东行，到了北海，发现四周不见边际，浩瀚一片，这才醒悟，带着愧疚的心情对海神说："我看到您是这样广大无边而难于穷尽。如果我不到您这里来，坐井观天，肯定会被理解大道的人们所耻笑。"

庄子强调的是人与大道的合一，也就是人与自然的和谐。

他认为真正了解大道的人,可称为"至人",其特点是:"至人无己,神人无功,圣人无名。"(《庄子·逍遥游》)他笔下的"至人"顺应万物的自然,驾驭六气的变化,遨游于无穷的宇宙。"至人"超越了"主体",进入绝对自由的世界。这可能是庄子的想象。但是,人们如何才能进入自由世界,提出这个问题,在理论思维史上也是很有意义的。

庄子像以往所有哲学家一样,也有偏颇。不过,从古代哲学史上能找出一位毫无偏颇而又绝对正确的哲学家吗?似乎不能。所以我说:庄子之论述"有对"的齐一,是值得我们仔细品味的。在中国古代哲学史中还有一位着重论述事物区别的,他就是荀子。如果人们读《庄子》又读《荀子》,体验事物既区别("分")又齐一的哲学,岂不是可以使我们得到更加充分的理论营养?

荀子从"相分"到"相齐"的思想

中国哲学丰富多彩。有些思想家、哲学家在"此"问题上提出真知灼见,有些在"彼"问题上露出真理的闪光。后人如果只从个别哲学家来看,也许会较多地看到他们的不足和缺点。如果从哲学家群体去审视,将他们各自的智慧之光汇聚到一个焦点上,则会惊叹前人竟为中国理论思维的发展做出了如此巨大的贡献。

世界既是齐一或同一又是相互分别的(中国古代哲学家对于对立统一规则的认识与说明,是中国哲学中最宝贵的精神财富之一)。庄子着重论述世界的齐一,荀子则将论证的重点放在相互区别上。荀子生活在战国末期,中原各国的统一已经成为当时历史的主题,他应当更多地注意事物的齐一方面,然而不,他孜孜不倦地在为历史未来的发展寻求一种足以使社会保持稳定的思想理论基础。为此,他涉猎百家之学,在齐国主持过稷下学宫(做过"祭酒")。在这里,他与百家之学的思想家们进行过论辩,这使得他有充分的材料和宏大的气魄去写出像《非十二子》这样的名篇,对各家学说进行切中要害的评论。

荀子本着孔子的思路,他寻求"和"而否定"同"。"和"才是多样性的统一,建立在事物相互区别的基础上,而"同"则是单纯的一致,是没有生命力的单一。他的一篇探讨"天人之学"的名篇《天论》把这个道理阐发得十分清楚。他写道:"天行有常,不为尧存,不为桀亡。应之以治则吉,应之以乱则凶。"天有常规,不受人的意愿的支配,这无异于说天即自然。人们面对广大的自然界,不能有任何的随意性,而应当依据它本身的特点去适应它。遵循这样的思维逻辑,荀子的《天论》便写出了一大段关于加强农业生产的文字来。他依据人们世代相传的经验,相信只要把握住农业生产这个"本",那么,"天不能贫","天不能病","天不能祸"。说到底,人自有人的特点,不必在天的面前顶礼膜拜。他得出这样的结论:"故明于天人之分,则可谓至人矣。"

荀子这个论断从一个侧面显示出中国哲学的特色。什么是中国古代哲学？它是以"人"为理论思维研究的核心，围绕着它，在"天人之学"（探讨什么是天、什么是人？人与天有何关系？）、"有对"之学（探讨世界万物变易的道理）、为人之学（即道德伦理学）、会通之学（即吸取和融会本国和外域思想文化的精粹）方面构筑了色彩斑斓的哲学思想体系。它们各有特色，有自己的侧重面，并不是千篇一律，一个模式。然而不论特色如何，它们都离不开一个大写的认识主体——"人"。其中特别对人的自觉性做了系统的论述。在荀子看来，当人从自然界分离出来，成为与自然相分的认识主体的时候，人才有可能成为真正的人，不是一般意义上的人，而是有智慧、有道德、有自觉性的人。这样的人他称为"至人"。

这里或许会有异议：荀子强调"天人相分"，难道他完全排斥"齐一"吗？不。他对庄子的齐一论，只是说其"蔽于天而不知人"（《荀子·解蔽》），仅仅指出其偏颇（只看到自然，而没有看到人的作用），并没有完全否定。荀子认为，人们对于世界的价值判断，大约要经历三个阶段。首先就是"天人相分"，当人们认识到自身与自然的区别，才能够去认识世界。其次是分析事物间的"相分"，以便看到它们各自不同的特点。

这样，呈现于人面前的便是千姿百态的世界，而不是一种色彩、一种声音的单调死板的存在。最后才是从"道"的观点去看事物的整体，而不是局限于一隅的偏见。

关于从"道"的整体去看，荀子在《天论》篇中写了这样一段话："万物为道一偏，一物为万物一偏，愚者为一物一偏，而自以为知道，无知也。"在他看来，万物只是"道"的一个方面，个别事物是整体的部分，可是人们往往以偏概全，以部分替代整体，自以为掌握了"道"，其实呢，他们的手里空空如也，什么也没有。据此荀子批评老子只见"屈"而不见"伸"，墨子只见"齐"（兼）而不见"畸"（差别）等。

从事物相分、相异的方面入手去寻求"大道""大理"，这似乎才是荀子理论思维的特色。因为在他看来，有相分才有相齐，有相别才有相兼。他分析人与自然的关系，是从相分到相齐；分析人和社会的关系，也是沿着这样的思维路径。例如他在《礼论》《富国》等篇中论述政治哲学，探讨礼制（社会制度的总称）产生的原因，都是从"分"（即分别、差别方面）入手。于是他认为礼制是为了"以养人之欲，给人之求，使欲（即欲求）必不穷乎物，物必不屈于欲，两者相持而长，是礼之所起也"(《荀子·礼论》)。由于世间富贵贫贱的分野，人们在社会生活中必然有不同的身份等级，由此，衣、食、住、行等物质生活方面也会有不同的规定，这些都是不能僭越的。由此可以看出，荀子政治哲学的主要观念就是一个"别"字，他给它下定义说："曷谓'别'？贵贱有等，长幼有差，贫富轻重皆有称者也。"(《荀子·礼论》)他向往这样的社会，这是一个身份等级森严的社会，在这个社会里，权力成为社会等级区分的标准，由此便产生出其他一切不平等的礼制规定。在荀子的政治哲学中，这些都被认为是天然合理、无可厚非的。很明显，在中国政治哲学历史上写出关于封建主义法权哲学首篇的，不是别人，而是荀子。

然而，当问题转到政治哲学上的另一个课题，即当政者如何运用治术的时候，荀子便从相分、相异的观念进入相齐、相兼的领域，反对人们"蔽于一曲"，提倡"道"的整体精神。他总结出这样富有哲学含义的判断："精于物者以物物，精于道者兼物物。"(《荀子·解蔽》)他认为一个人如果只是精于某一事物，或某一方面的事物，那么，他只能专门治理这一事物；如果他精于整体的"道"，那么就能够综治天下万物。

在这里，他便钟情于"兼"了。总之，荀子的自然哲学、政治哲学中浸透着从相分到相齐的思维路径，他的逻辑哲学和道德哲学无一不是如此。掌握住这条主线，读《荀子》才有可能解开许多的连锁。在两千多年前，荀子总结百家之学，把事物相分相齐的"有对"之学运用得如此纯熟和贯通，给后人留下了丰厚的理论思维遗产。

我看秦文化

秦国的强大和秦文化的崭新面貌出现于中国历史舞台，都和秦国发展农耕有密切的关系。

秦国的发展比较晚，直至周平王东迁，秦人入居周王室故居，拥有岐、雍以后，才开始"营邑"。秦国没有受到西周诗书礼乐文化的很深影响，因而有勇气和魄力去创建带有自己特色的文化。

秦孝公任用商鞅变法，这是秦文化发展的转折点，它有别于西周礼乐人文文化，而体现出以耕战为核心的"公利"精神。所谓"公利"即公室之利或国家之利。厉行变法的人们，为了寻求秦国的富强，倡导所谓"四海之内若一家"的公利。

李斯的名篇《谏逐客书》叙述了秦创造"公利"文化的历程。

秦穆公招贤纳士，任用客卿，使秦国"并国二十，遂霸西戎"。孝公支持商鞅变法，实行军功爵，"有军功者，各以率受上爵"，"宗室非有军功论，不得为属籍"。凡在战争中建立功勋的，贱民可以获得身份而编入户籍。这种军功爵制鼓励战功者，使民"勇于公战，怯于私斗，乡邑大治"（《史记·商君列传》），促进了农业生产的发展，奠定了后来秦统一六国的基础。除军功爵外，商鞅变法的另一项重要内容是郡县制度。这就是史书上所说的秦废封建而为郡县。郡县制推行起来，逐渐破坏周代先王制度，从而建立了耕织相结合的小农经济制度。商鞅以后，秦惠王任用客卿张仪，实行连横外交政策，扩大了自己的领域。昭王采用范雎的政策，"强公室，杜私门"，为秦王成帝业奠定了基础。

秦文化的印记乃"公利"二字。《淮南子》说："秦国之俗，贪狼强力，寡义而趋利。"有了"公利"革新精神，才有变法，才有胆略任用非秦本土的政治家、军事家和外交家；有了"公利"精神，才能坚韧不拔地长时间进行旨在建立统一国家的战争（秦始皇准备和进行了十八年战争）；有了"公利"精神，才能建立强大的皇帝中央集权制，并统一度量衡，筑万里长城，广修驰道。

专家们对秦始皇陵园（在今西安市临潼区东）的建筑布局，以及一、二、三号兵马俑坑出土的兵俑以及战车模型和骑兵俑、步兵俑等，进行了深入细致的研究，发表了许多研究成果。有的学者对秦俑的主题思想进行分析解剖（如张文立、吴晓丛：《秦俑主题思想试探》，见《秦始皇陵兵马俑博物馆论文选》），提出不少启发人思考的观点。然而在笔者看来，秦俑的主题思想乃秦"公利"文化精神的表现。秦陵的布局也是这种文化精神的体现。

后代文人学士谈到秦文化往往以"霸"文化相称。汉代学者和思想家们曾经论争什么是王道和霸道。到了南宋时期，学者朱熹和陈亮还展开了一场王霸义利之争。以"霸"为秦文化的概括，并不见得准确。笔者认为用"公利"革新来概括，似乎比较准确。"公利"难道只是法家思想吗？系统论述"公利"精神的是儒家的孟子，不过，他是在"仁政"的前提下论说的。确切地说，"公利"观念是先秦儒、法、墨三家学说总汇的结果。

我看唐文化

唐代国力强盛,气度恢宏,对各族文化和外来文化善于消化吸收。隋唐文化涵容百川,吞吐万象,集秦汉之雄伟博大、魏晋之飘逸潇洒、天竺(印度)之超脱思辨,可谓天高海阔,气象万千。

唐代国家政治制度的建设不拘一格,体现出"会通"的特点。据陈寅恪先生研究,隋唐政治制度有三大来源:一是北魏北齐,即孝文帝改革后的制度;二是以梁陈为代表的南朝后半期的文物制度;三是西魏、北周的个别制度。自东汉统一的中央集权解体后三四百年间,虽然西晋有短期统一,但西晋没有政治制度上的建树。南北朝时期,南北政权在探讨国家怎样才能统一的主题面前,各有关于政治制度的新发明。隋代立国,政府机构的设置多沿袭北魏,而赋税体制则多采自南朝。唐代保持了隋朝政治制度的会通特点又有所创新。

唐代的政治政策也体现出开放的特点。在国家官员的选拔上，唐代发展了隋代的科举取士制度，各种专门知识的考试，使中下层人才有机会进入政府部门，打破了贵族的政治垄断，使国家政治机构具有活力。在经济上，唐代保护自耕农，同时又提倡商业，发展对外交流。民族问题的处理，也尽量依据平等原则，唐太宗就曾说过："自古皆贵中华，贱夷狄，朕独爱之如一。"（《资治通鉴》卷一百九十八）在文化上，唐朝实行"和而不同"政策，既推尊儒术，又提倡道教、佛教，允许宗教信仰在不影响国家利益的前提下独立发展，景教、祆教、伊斯兰教和摩尼教在唐代都有所传播。

唐代的物质文明丰富多彩。就饮食来说，当时域外商人得以随时出入，带来许多域外食品。玄宗开元年间之后，"贵人御馔，尽供胡食"（《旧唐书·舆服志》）。直至今天，新疆的羊肉抓饭（饆饠）和芝麻肉馅饼在宴会中仍受到青睐。波斯的"三勒浆酒"也传入中国。许多胡人来长安开店设坊，经销域外酒，并以胡姬侍酒，受到文人学士的欢迎。李白等人经常出入这样的酒店，留下了优美的诗歌。从衣饰方面看，隋末唐初，尤其是开元、天宝年间，胡服流行，不分官庶贵贱，都多穿胡服。

唐代的精神成果也很有会通特色。拿史学来说，唐代史著别具一格。唐代官修前朝史书有《梁书》《陈书》《北齐书》《周书》《隋书》《晋书》六种，加上李延寿私修的《南史》《北史》，共有八种，占了"二十四史"的三分之一。编修史书部数之多、质量之高，为其他朝代所不及。杜佑还撰写了《通典》这样记载历代典章制度沿革的通史，创立了一种崭新的史书体裁——政书体。唐中宗年间由刘知几编撰的《史通》，是我国古代史学史上一部划时代的文献。该书的史学理论体系，奠定了我国史学批评的基础。

唐代的文学艺术绚丽多彩。唐朝建立后，魏徵、令狐德棻等都大声疾呼，要求改革六朝文风，从形式到内容，从语言到风格，反对拟古，要求创新。初唐四杰和陈子昂为唐代文学的繁荣揭开了帷幕。盛唐时期，王维、孟浩然、高适、岑参、李白、杜甫，群星闪耀，既有田园诗派，又有边塞诗派，异彩纷呈。中唐后，元稹、白居易、韩愈、柳宗元等又把文学推向了一个新的高峰，形成了唐代文学的又一个百花争妍的局面。

唐代的音乐融会了西域和印度的乐调。唐代宴会所奏燕乐，先后有高祖《九部乐》、太宗《十部乐》，这些燕乐已经普遍运用龟兹乐、疏勒乐、高昌乐（西部音乐）。西域的许多乐器如羯鼓、箜篌、答腊鼓、琵琶等都为中原所采用。唐玄宗还是颇有才艺的音乐家，精通西域和印度的多种乐曲和乐器。

唐代创造了许多友好往来活动形式，将流行的娱乐活动引入各种交际场合。唐宣宗年间，来访的日本太子与国手顾师言对弈，场面异常激烈。由于双方水平相当，下至第三十三手时，顾师言"汗手死心，始敢落指"。日本王子最后"凝目缩臂数四，竟伏不胜"（《册府元龟》卷九百九十七），虽然失利，但还是对中国棋艺充满敬意。境内各民族之间的文化艺术交流也很昌盛，比如从吐蕃传入的打马球也是汉族交流友谊的形式。唐中宗景龙四年（710年），金城公主下嫁吐蕃王，吐蕃派庞大的队伍来迎亲。据说为了庆贺，双方在宫中进行"击鞠"大赛。比赛一开始，精通国技的吐蕃队连连进球，唐宫廷队顿时处于下风。血气方刚的临淄王李隆基自告奋勇，率领怪球手李邕等人披挂上阵，隆基"东西驱突，风回电激，所向无前"（《封氏闻见记·打球》），最后扳回了局面。

唐代文化会通，即开放和融合特色的形成不是偶然的，它是魏晋南北朝三四百年间的历史与思想的结晶。

读汤用彤先生著作札记
——关于中外文化冲突和融合的观点

札记之一：汤用彤先生关于中外文化冲突和融合的基本思路

中外文化的冲突与融合，是近代中国面临的重要问题。随着西学的传入，中国人对自己固有传统文化的认识也采取了新角度和新观念。19世纪末20世纪初，章太炎、严复、梁启超等先后开始了对传统文化的重新认识，并由此引起关于中外文化相互比较的探讨。

汤用彤先生就是在这种文化氛围中开始自己的学术活动的。1914年，汤先生刚过二十岁，便在《清华周刊》上发表了《理学谵言》（见《清华周刊》第13—29期）一文。在此文中，他要求"以道德为指归"，"明道德之要"，提出了对待文化问题的基本思路。他认为，看待一种文化现象，应该看它对人的影响，看它对人的道德品性的铸造。汤先生说，如果从这个角度去看东西方文化，我们就不会"昧于西学之真谛，忽于国学之精神"，就会发现表面上与时代精神不合的理学，实际上"为天人之理，万事万物之理，为形而上学"，是挽救时弊的精神武器。虽然此文中某些论点还不够成熟，但是这些都不影响汤先生面对东西方文化所选择的评价角度。铸造人的优良道德品质，是汤先生文化比较观的出发点。这一点恰恰就是中国早期儒学"人学"和西方文艺复兴时期"人学"的结合。他从西方撷取了"理性"概念，又从儒学"人学"继承了道德是人的特性的观点，将二者加以结合。这是一个非常重要的发端。从汤先生一生的学术经历来看，他将治学与为人熔于一炉。后来他研究玄学、佛学，以及西方哲学，最关注的是各种学说关于人的主体性的论述。他提出玄学之境界说，注重斯宾诺莎《伦理学》及其"上帝"观念（实际上即"自然"观念），以及洛克的经验主义学说，都是紧紧围绕文化如何铸造和提升人的道德品质这一主题。而他自己，则吸取各学派之长，治佛学而非佛学家，治西方哲学而非西方哲学家，按钱穆先生的话说：汤先生"固俨然一纯儒之典型"。有些人"为学似一事,其为人则又似一事,而在锡予,则融凝如一,既不露少许时髦之学者风度,亦不留丝毫守旧之士大夫积习。与时而化,而独立不倚,极高明而道中庸,锡予庶有之矣"。(钱穆:《忆锡予》,见《燕园论学集》)我觉得孔子名言"人能弘道,非道弘人"(《论语·卫灵公》),汤先生最能领会其真谛,并将此真理贯穿于一生的学术活动。

1918至1922年,汤用彤先生留学美国,师从新人文主义者白璧德,通过对美国文化的切身体验和深入研究,进一步认识到:"世界宗教哲学各有真理,各有特质,不能强为撮合。……夫取中外学说互为比附,原为世界学者之通病,然学说各有特点,注意各异,每有同一学理,因立说轻重主旨不侔,而其意义即迥殊,不可强同之也。"(《汤用彤学术论文集》)每一种文化的宗教、哲学,在造就人的道德品质方面,都有其真知灼见,有其合理的一面;至于在论述方式和侧重点上的歧异,那是各自的文化背景所造成,因而不能就它们表面的相似而强求一致,也不能因表面的相异而忽略其相同。汤先生关于文化的异与同的论点,后来在他指导的任继愈先生的学位论文《理学探源》中,得到了更加明确的表述:"同者何?心也理也。……

是以哲学上的真知灼见莫不相同，不惟无古今之异，抑且无华梵之差，此理一之旨也。理虽一本，用则万殊，此其所谓异。"（《燕园论学集》）由此可见，汤先生要求研究者透过各种文化表面上的差异，去发掘文化现象相通处和一致性。这种相通处只有经过认真的研究才能够找到。中西文化的比较，是一件非常复杂的事情，必须透过不同的名词术语去寻找内在的实质，因而这种比较研究，从某种意义上说，乃是中外学问的会通。由此汤先生既注意文化现象的普遍性，又注意文化现象的特殊性，坚持共性与特殊性、普遍性与特殊性的相互统一。他的著作以及他在北京大学的授课都体现了这种精神。

至于异质文化的冲突与融合，汤先生通过对佛教文化与中国古代思想文化的相互影响过程进行深入研究，总结出关于"文化移植"的一般法则。此法则他是这样表述的："一个地方的文化思想往往有一种保守或顽固性质，虽受外力压迫而不退让，所以文化移植的时候不免发生冲突。又因为外来文化必须适应新的环境，所以一方面本地文化思想受外来影响而发生变化；另一方面因外来文化思想须适应本地的环境，所以本地文化虽然发生变化，还不至于全部放弃其固有特性，完全消灭本来的精神。""所以文化思想的移植，必须经过冲突和调和两个过程。"其结果是："本地文化思想虽然改变，但也不至于完全根本改变。……但是外来思想也须改变，和本地适应，乃能发生作用。"（《汤用彤学术论文集》）汤先生举例说，中原的葡萄是西域移植来的，但是中原的葡萄毕竟不是西域的葡萄。而西域的葡萄在中原内地发展，必须适应内地的土壤和气候。结论是：相互影响的两种文化，通过冲突与融合的过程，最后既保持各自特性，又相互适应、相互结合，进入高一层的文化领域。汤用彤先生关于"文化移植"的上述论点，要求学者们研究两种文化是如何冲突并融合的。这就必须研究文化发展的历史进程，从进程中去看文化的运动发展。

札记之二：汤用彤先生关于"文化移植"法则的具体运用

王国维在论述中国思想文化的发展历程时，将道光、咸丰以来中国思想文化所受冲击之大，视为汉魏至唐宋时期中国思想文化所受佛教文化的重大影响，把当时西方文化比作第二次佛教文化。事实正是这样，魏晋南北朝至唐宋，佛教对中国思想文化的影响，无疑是文化冲突和融合的一个可资借鉴的生动实例。可惜当时大多数学者研究这种文化现象，没有从文化移植法则的高度着手，注意的乃是佛教史的若干枝节问题。深入研究这一时期的文化现象，并从文化比较的高度着眼，正是汤用彤先生在很长一段时间里的工作重点。

汤先生著有《汉魏两晋南北朝佛教史》《隋唐佛教史稿》等重要著作。两书通过对汉魏南北朝至隋唐中国佛教史的具体研究，系统而完整地揭示了中国佛教发展的历史进程。指出佛教传入之初，依傍黄老方技，到南北朝又由于国家分裂，分为南统和北统。南统祖尚玄虚，注重义理；北方侧重实践。南朝末年，南北两系开始互相融合，义理与禅法结合，奠定了中国佛教宗派形成的基础。隋唐佛教，派别繁多，但唐前期富北方风气，唐后期则富南方风气。汤先生注意佛教与中国固有思想文化的相互影响，他分析了佛教与道教的关系，又分析了玄学和佛学的关系。他讲玄学，把道安、僧肇、竺道生也放在玄学体系中，既注意玄学为佛学所做的理论准备，又注意佛学对玄学的理论贡献。（参看汤用彤先生《魏晋玄学讲义》《魏晋玄学论稿》)他分析了南北朝佛学两系的特点及其与中国本地思想文化背景的关系,说明:南朝佛学祖尚玄虚,这和中原士大夫南迁,把玄风带到南方有关;而北朝佛学注重实践,则和北方士大夫崇尚实学有关。汤先生还着重指出,由于受中国思想文化的制约,到南北朝晚期,中国佛学逐渐脱离印度佛学的原貌,开始进入自觉的理论建设时期,并由此而影响到隋唐中国化佛学宗派的形成。他认为隋唐佛学的几大宗派,华严、天台是中国佛学的表现,而禅宗更是典型的中国佛教。只有法相唯识宗保持了印度佛学的原貌,但法相宗传之不远,而华严、天台的传播也难以为继,只有符合中国人思维习性和精神面貌的禅宗得以流传开来。这说明印度佛教必须适应中国本地文化才能生存,也说明印度佛教文化在保持其自身特殊性的同时,必然会产生某些变化。而另一方面,中国思想文化由于受印度佛教的影响,也发生了变化。对此,汤先生这样写道:"犹之说没有南北朝的文化特点,恐怕隋唐佛学也不会有这样情形;没有隋唐佛学的特点及其演化,恐怕宋代的学术也不会那个样子。"(《汤用彤学术论文集》)

不仅如此,汤先生在中国佛学史的具体研究过程中还总结出文化冲突融合的历程。这就是汤先生所说的由"格义"到"寄言出意"再到"明心见性"三个阶段，也就是由形似到传神再到综合创新三个阶段。

所谓"格义"，就是用中国固有的文化学术观念对比外来的佛教文化，通过人们所熟悉的概念达到对佛教学说的理解。它是佛教传入中国之初，佛教信徒理解和传授佛教经典的重要方法，如为了理解印度佛教"四大"（佛教名词，地、水、火、风之合称），就用中国的"五行"去比附。汤先生说："汉代到西晋这一时期的中国学者们经常在讲演佛教理论时是应用了逐条说明范畴［即事数与法数］的方式。……因为印度那些思想范畴［事数与法数］的含义，本是不容易被中国［佛教］信徒们所掌握的，他们于是就用中国［固有］的概念加以解释［附会］，作为一种寻求较好的（理解的）方法。"（《理学·佛学·玄学》）这就是格义。格义方法是在人们对外来文化知之甚浅时所运用的方法，它是求得对外来文化了解的初级阶段。

但是，格义的方法很难达到对外来文化的准确理解。而"掌握一种思想体系内含的深义，这比之于概念或名词浮面浅薄的知识，显然是更为重要的"。因此，"当中国学者稍长时间或更加深入地研究了佛教经典,他们就意识这种［格义］方法存在的缺点"。比如中国"五行"和印度佛教"四大",就有意义上的不同,故晋朝末年,道安弟子僧睿作《毗摩罗诘堤经义疏序》说:"讲肆格义,迂而乖本"。(《理学·佛学·玄学》)于是文化比较的另一种方法,寄言出意的方法就成为理解外来文化的主要方法。

寄言出意脱胎于言意之辨。言意之辨是魏晋玄学的重要命题,汤先生对此做过细致的研究和分析。他认为魏晋玄学在分析老子与孔子的思想异同、调和《道德经》与《周易》及《论语》时,就曾利用寄言出意的方法。因此,汤先生不但重视言意之辨的哲学含义,同时也非常重视它的方法论意义。在其《魏晋玄学论稿·言意之辨》一文中,他曾论述言意之辨的方法论含义说:"大凡外国学术初来时理论尚晦,本土人士仅能作支节之比附。及其流行甚久,宗义稍明,则渐可观其会通。此两种文化接触之常例"。《汤用彤学术论文集》可见寄言出意的方法,避开两种文化表面上的相似,而探究它们本质上的相通。由此所得到的结论,不但使人们对不同文化的不同特质有所认识,同时也使人们意识到不同文化的统一性和相通性。

按照汤用彤先生的研究，人们在充分认识不同文化的相通相异的基础上，文化比较即进入第三个阶段，明心见性的方法就成为主要方法。所谓"明心见性"，即根据本国文化的基本特质，吸收、消化异质文化的合理内核，达到对本国文化的再创造的目的。汤先生认为宋代理学对佛学就是采用的这种方法："华人融合中、印之学，其方法随时代变迁，唐以后为明心见性。"（《汤用彤学术论文集》）明心见性的方法不但使人们对两种文化的实质有所认识，而且使本国文化中的优质与外来文化的精粹相结合，从而将本国文化再提高一步，创造出符合本国情况的新文化。这也就是后来有些学者所说的"综合创新"的意思。

总起来说，汤用彤先生在关于中国佛教史的具体研究中提出的关于思想文化研究的三阶段的论点，可资我们借鉴，有不少发人深省之处：既不排斥外来文化，也不是全盘搬来，而是在中外互鉴中创造出新的民族文化。

温故而知新

——评吴宓先生关于中国传统文化的几个观点

吴宓先生早在20年代就提出了中国传统文化的现代价值问题，他明确地说："只有找出中华民族文化传统中普遍有效和亘古常存的东西，才能重建我们民族的自尊。"（《中国的新与旧》）后来他多次阐述这个论点。学衡派的重要成员梅光迪也说："我们今天所要的是世界性观念，能够不仅与任一时代的精神相合，而且与一切时代的精神相合。我们必须理解，拥有通过时间考验的一切真善美的东西，然后才能应付当前与未来的生活。这样一来，历史便成为活的力量。也只有这样，我们才有希望达到某种肯定的标准，用以衡量人类的价值标准，判断真伪与辨别基本的与暂时性的东西。"（《我们这一代的任务》）吴宓先生和学衡派的同人，确认中华文化有一些永恒的东西，它们具有"与日月争光的价值"。

事情过去了几十年，当冷静下来反思的时候，不少学人发现传统思想文化中确有永恒的东西，或者换个提法，确有绝对真理的粒子。如果一切都是相对的，相对不和绝对结合，那岂不成了相对主义？其实，相对中有绝对，绝对寓于相对之中。不如此理解，不承认绝对真理的粒子，就谈不上文化思想的继承性和延续性。

数十年前吴宓先生的表述当然不如我们今天这样完整精确，然而，他承认传统文化中有永恒的普遍有效的东西，和我们所说绝对真理的粒子含有相同的观点。只有承认这个前提，才谈得上思想文化的现代价值。

在吴宓先生和学衡派看来，儒家学说中的道德理论是中国传统文化的灵魂，它具有永恒的普遍有效性。吴宓先生这样说："儒家的人文主义传统是中国文化的精英，也是谋求东西文化融合，建立世界性新文化的基础。"（《白璧德中西人义教育谈》）

关于儒家思想是否是东西文化的融合，是否是建立世界性新文化的基础，可做进一步探讨。我个人并不同意这个观点。至于说儒家道德学说是变中之不变，稍嫌笼统，但是，当五四运动的先驱者在猛烈批判封建礼教,还来不及区别传统美德和封建礼教的时候,吴宓先生从学术研究的角度出发,认为儒家道德学说不可否定,其中有"不变"的部分,这不失为一种补充。

今天看来,儒家道德理论中是否有一些相对稳定的部分,是否有一些相对不变的东西?回答是肯定的。

如果说五四时期先驱者着重批判了中国封建社会以"三纲"说为核心的封建礼教,有助于人们的思想解放。那么,吴宓先生和学衡派在五四运动以后不久,从学术角度强调中国传统道德某些方面的永恒性和普遍效准性,在文化思想领域也有贡献。以上两方面都是真实的历史现象,它们都是必要的。具体言之,应当将封建礼教和传统美德区别开来,继承后者,舍弃前者。如果不重视传统美德的研究和宣传,那么人们的道德和思想水平就难以提高;如果不舍弃封建礼教,那么人身依附关系的封建专制主义就难以肃清,就会影响社会和历史的发展。因此,用历史主义的观点来看,我们应当感谢五四时期文化思想战线上的先驱者,绝对不能因他们当时的某些不足而否定他们,或者否定他们的历史贡献。同时我们也要感谢五四运动以后中国的一批正直的学者，他们对中国传统文化的研究和整理，给我们留下了宝贵的精神遗产，可供我们选择使用。

20世纪二三十年代，中国论坛关于中国传统文化的认识，大体上有这样两种倾向：一是说明中西文化的区别，强调学习西方科学文化的必要性。不过，当时的这种观点存在一些片面性，在宣传中给人一种印象，仿佛中国传统的一切都是落后的，而西方的一切都是进步的。有人用过"全盘西化"这样的词。但究其实，当时的中国，并没有真正的全盘西化论者和实行者。还有一种倾向则强调中西文化的同一，认为中国传统文化里的某些精粹（如儒家学说）和古希腊文化都各有特点。吴宓先生和学衡派大都持这种观点。吴宓先生并不认为西方的一切皆好，他以亲身经历，批评了第一次世界大战后西方物质文明和精神文明的弊端。

我们今天再次翻阅20世纪二三十年代中国论坛上关于文化问题讨论的若干资料，便会发现，不论是强调中西文化的区别，还是阐述中西文化某些方面的同一，对我们都有启示。任何事情（含思想文化）都是对立的统一。有的学者从两种文化体系的对立方面多做文章，有的则从同一方面发表见解，都是宝贵的思想资料。我们应当将各种不同的学术观点综合起来，舍其短，取其长，不用今天的标准去衡量前人的言论和思想。这样我们就可以从前人的著述中得到启迪，受到教益，从而提高我们的认识。这种科学的客观精神，在中国古代被称为"会通"，或曰"和而不同"。古人云："以水济水，岂是学问？"（黄宗羲）只有在不同的学派、不同的学术观点中进行"会通"，融会贯通，我们才能在前人的基础上有所前进和创新。

吴宓先生关于中国传统文化的若干观点，他自己始终坚持。1949年4月，他从汉口到重庆，自述"仍是崇奉儒教、佛教之理想，以发扬光大中国文化为己任"（转引自《吴宓与陈寅恪》）。他在1961年8月30日日记中说到他和陈寅恪先生的学术观点，这样写道："在我辈个人如寅恪者，则仍确信中国孔子儒道之正大，有裨于全世界，而佛教亦纯正。我辈本此信仰，故虽危行言殆，但屹立不动，决不从时俗为转移。"（转引自《吴宓与陈寅恪》）吴宓先生本于一种高尚的爱国精神，认为中华民族之独立自由乃是观察一切问题的前提。《雨僧日记》中1961

年9月1日记述,他和陈寅恪先生都"坚信并力持:必须保有中华民族之独立与自由,而后可言政治与文化"(转引自《吴宓与陈寅恪》)。

总起来说,中国传统文化的研究和继承,是一个非常复杂的理论和学术实践问题。复杂性表现于传统文化的变易性和稳定性、时代性和继承性等关系方面。任何一种文化形态都是时代的产物,都可以从一定的时代里找到它的萌生和发展的原因。而每个时代的文化创造又都可以从它以前的时代里找到某种源头。因此,文化的时代性实际上包含文化的继承和创新两个方面,这两者又是相互联系的。对于文化研究学者来说,要将这二者统一起来,并贯串于自己的整个研究实践过程,并不是一件容易的事,出现一些曲折和偏颇,也是难免的。后来者可以从这里吸取经验教训。

孔子曾经谦逊地说过他自己"述而不作",然而他并不是真正的"不作",而是遵循"温故而知新"的原则,进行了卓有成效的创新工作,他对西周传统文献的整理和改造就是明显的例子。今天我们纪念吴宓先生,重温他关于中国传统文化的若干观点,借以提高我们对中国传统文化的认识,是为了"知新",具体地说就是为了创造具有中国特色的社会主义新文化。

饱经风霜的中国人回想20世纪的种种经历,激动不已。回顾20世纪中国的思想文化论坛,也有不少的感想。其中最重要的一点就是多看成绩,多找共同点,多从不同的角度看问题。为了中华民族的伟大复兴,我们要向一切曾经为民族振兴做过贡献的人学习,其中包含吴宓先生和学衡派,研究他们关于中国传统文化的论述。在研究中既有继承和发展,也有舍弃和匡正。

苦味

生活中颇多苦味，读南宋方岳诗《别子才司令》，其中有"不如意事常八九，可与语人无二三"的名句。这不但是他一生三仕三黜波浪起伏生涯的写照，而且多少道出了人生的某些哲理。

苦与甜本无绝对的界限，苦可化为甜，而甜在某种情况下亦可转为苦。佛家所谓"苦海无边"并不确实。拿人的口味来说，酸甜苦辣皆不可缺。那么，谁愿意尝苦味？且慢，南人嗜食苦瓜，当今北人亦有此好，开始食用有些不适，逐渐觉得苦中颇有滋味，离它不得了。无怪乎京城蔬菜市场上，苦瓜的销路一直处于看好之中。

苦中有味，人的味觉器官舌头分泌的唾液，使苦化为鲜，于是，苦中有鲜。如果再加上几颗小辣椒，成为三味混合，那就使人享用不尽了。从这里我想到，人生的乐趣之一也许就在于化苦为甜、化险为夷吧。不过"化"字颇不易做。中国古代哲人孟子说过:"天将降大任于是人也,必先苦其心志,劳其筋骨,饿其体肤……"颇道出了苦味之可贵。原来"苦"能锻炼人的心志(精神)与体魄,使之坚强不屈。大丈夫历经"苦"的多方磨炼,培养了百折不挠的毅力,才能化苦为甜,完成自己宏大的志愿。

关于"化",中国古代哲人总结出不少令人深思的经验。《易传》强调"天行健,君子以自强不息"。举例说,殷纣王时代,天下无道,当时周文王被囚,但是文王内有刚强之德,外有柔顺之道,战胜了险恶环境,终于完成大业。

也有人对"化"字毫无研究,亦无体验,只知叹息个人命运多舛,生不逢时,他们是弱者。胜利属于强者。强者虽处苦境,但能高扬其心志,奋起其行动,与那险恶做正面和侧面的种种搏击,并时刻调整自己的心态,使之趋向冷静和坚强,最终转苦为乐,化险为夷。这些可能就是宝贵的经验之谈吧。

苦、乐虽可转换,但因人不同,对苦、乐内涵亦有相异的理解。有人追逐声色犬马,骄奢淫逸,灯红酒绿,聚敛财富。究其实,这些并非真正的乐。宋代诗人葛天民《绝句》云:"二十四友金谷宴,千三百里锦帆游。人间无此春风乐,乐极人间无此愁。"这里写的是:西晋时期,二十四位权贵巧取豪夺,时常聚于洛阳西北金谷涧,饮宴游乐,盛极一时,路人为之侧目。然而好景不长,不久权贵们被杀。还有隋炀帝曾三游江都,奢侈豪华,无与伦比,民脂民膏尽为皇家所攫取,何乐之有?不平则鸣。这个皇帝终于遭遇灭顶之灾。历史的脊梁是人民。那些过着淡泊生活,默默为人间做着贡献的平民百姓,理应摆脱苦难而得到幸福与快乐。

由此看来,人生苦味并不足惧,人们经过奋战,终可转苦为乐。真正可怕的,可能就是庄子所说"哀莫大于心死"。如果人失去了精神,失去了辨别是非的能力,失去了为真理而献身的志愿,失去了正直与清廉,失去了与黎民百姓的心心相印,失去了一颗滚烫的心,那么便会沉溺于苦海而不知自拔。这种人不值得同情,因为幸福本不应当属于他们。

谈所谓"国学热"

什么是"国学"？从历史来看，我国西周时期由政府来办学，没有"私学"，"学在官府"，称为"国学"。直到春秋末期，孔子办私学，成为我国历史上第一位教师，给我们留下了宝贵的文化教育遗产。当历史演进到19世纪末，西方的科技和社会科学大量传入我国，称为"西学"，与此相对，中国本土的学问称为"中学"或"国学"。

1925至1929年清华大学办"国学研究院"，所谓"国学"，指的是中国优秀传统文化的整体。今天人们所说的"国学"仍然是这个意思：优秀的民族文化之简称。

当前"国学热"表现在多方面：有少数大学办国学院，许多综合大学开设国学概论选课；不少大学面向社会开办研修班，其中不乏国学讲座；在媒体上关于国学的议论颇不少见；还有在假日为少年儿童开办的所谓国学少年班;等等。

中国有悠久的、连绵不断的文化传统,择其优者使今人了解,加以宣传介绍,是必要的,而人们也有此需要。这正是"国学热"兴起的主要原因,应当肯定。至于以民族文化中的糟粕冒充精华,为牟取私利而打着"国学"的招牌,也是有的,人们在观察问题时,不可以此支流当作主流。

(2007年)

评清史专家卜键的《国之大臣》

清史专家卜键撰写的《国之大臣——王鼎与嘉道两朝政治》一书，七十余万字，2015年6月由陕西出版传媒集团、陕西人民出版社出版。

在读此书前，我只知道王鼎是今陕西蒲城人，蒲城县县城的一条街上有一个牌楼，上写"将相故里"，"将"指的是杨虎城，而"相"则指王鼎。王鼎在鸦片战争期间支持林则徐，主张禁烟，反对英国侵略者。如此而已，其他我一无所知。

今年五一节前我收到《国之大臣》一书，先看引言《军机处别院》，再看跋《请记住这个名字》，才知道王鼎是科举出身，受过严格的儒家教育，官至清朝嘉庆、道光时期的中枢大臣。我用三天时间看完全书，才知道作者卜键在此书跋中所说"本书不能说是一本单纯的王鼎传记，笔者所力图呈现的，还有两朝中枢的政治运作，也有与王鼎同时的一些大臣"。确实如此，《国之大臣》一书实际上是清代嘉、道两朝的政治史、边疆史、军事史、河工史、海防史、文化史的综合。从此书的广度和深度可以看出：作者卜键具有全面深厚的清代学术研究素养，否则是写不出这样的著作的。虽然作者写此书只用了两年时间，但其学养的积累时间可能是两年的十数倍了。

我读完这本著作，有以下几点感想：

第一，《国之大臣》一书内容厚重，言之有据，没有空话，是一本扎扎实实写清代历史人物及政治环境的学术著作。

第二，从这本著作中可以真切地感受到历史偶然性与必然性的辩证统一。达到这样的高度，是很不容易的。

我们读马克思主义唯物史观教科书，可以看到这样一些论断：人们研究历史，如果否认历史的必然性，就等于否定历史的规律性；但把历史人物的活动完全归结为必然，就会走向宿命论。实际的历史是：历史必然性是通过历史的偶然性才得到表现的。

卜键的《国之大臣》一书，对王鼎这个历史人物的分析，从海疆到边疆，从禁烟到销烟，从天灾到人祸，从口门（黄河冲决的缺口）到国门，方方面面，写了王鼎一生的经历，由此展现出清代嘉、道两朝出现的许多重大历史问题。最终，王鼎用"尸谏"给自己的一生画上了句号。从时代看，由此开始，清代由盛变衰，至1911年被辛亥革命埋葬，这体现了历史的必然性。

历史最吸引人的地方，或者历史最深刻的经验与教训，在于由史学家去发掘并完整地阐述历史偶然性与必然性的辩证统一。这需要有深厚的学养，有深刻的历史洞察力，又需要有很好的文字功夫，如此才能揭示出历史的丰富内容。从《国之大臣》一书来看，卜键同志具有这方面的学养。

第三，卜键的《国之大臣》给了我们关于清史的具体知识。历史著作应给读者以具体而丰富的历史知识，只有框架，或者只停留在若干理论名词的表述上，那是不够的。例如《国之大臣》的第九章，其中叙述了清代新疆南部地区的政治状况，以及道光时期的大暴乱，特别是第三节"举国之力的反击"，选择出一些典型史料，帮助读者了解阿克苏保卫战的情况以及收复喀什的情况等等。南疆叛乱的平定，对维护祖国统一起了很大作用。再如第十章"盐政与边政"，都是专门性很强的内容，书中的介绍，使读者有了这方面的知识。

第四，要继续深入思考的问题。卜键在跋《请记住这个名字》中有这样一段说明："阅读王鼎，认识王鼎，描写记述王鼎，也是一次灵魂的洗礼，是对儒家思想精义的再领悟。人民为什么赞颂屈原？正在于他对国家命运的焦灼忧惧，在于那'虽九死其犹未悔'的坚守，在于其殉国殉道的死之绚烂。王鼎就是清代的屈原！"

这样的比喻无可厚非。我们从中国历史中看出，秦汉以来历史的正面人物或对历史做出这样那样奉献的君子，大都受过儒学的影响。孔子宣传"谋道不谋食"，把人的理念、关于家国和自身的理念提到最高位置，给人以精神的动力，其功不可没。

通过王鼎，还可以看出，隋唐开始实行科举制，读书人通过这条路走向皇权统治下的重要岗位，有些人既有道德操守，又对国家做出了奉献，被记述在历史中。科举制的宗旨是择优，其重要功能在防劣，有操守有学问的人可能考中，操守和智力有问题的人往往很难通过考试，也许这就是中国科举制度对中国历史的贡献。如果没有科举制（这个假设是站不住脚的），王鼎可能一生都在蒲城度过，没有机缘参与国之大事，当然成不了国之大臣。正如卜键同志在书中所说:"科举,考的是笨功夫和死功夫,是持之以恒的读书精神,也是以儒学浸润濡染的人生态度。"这是很实在的评论。

《国之大臣》一书似乎有些拘谨,这表现在:有些地方该做理论归纳,还是可以写下寥寥数语,似乎不宜在这个问题上有过多的逃避。"画龙点睛"与"泛泛主义"这二者是有本质区别的,不可为避免空话而忽视必要的"点睛",不知对否?仅供参考。

我希望史学界的朋友能读读《国之大臣》,对文史有兴趣的朋友也能读读这本书。

(2015年)

师与友

老师

五十多年前一个初秋的午后,我在山城重庆南开中学(抗日烽火中从天津迁来)教学楼穿衣镜前看到自己:圆圆的脸,平头,一身灰色的学生服,佩戴着南开的校徽。我按捺不住内心的喜悦,微笑藏在两颊的酒窝里。

那时我是十来岁的少年,远离家乡和亲人,独自在这座中学里寻求未来的梦。入学第二天,隔着宿舍的玻璃窗,不远处闪光的湖水勾引起我的乡思,我想起在铺着碎石的幽静巷子里的"家"。我真想回去。回到我读了几年书的南通城北小学,再次和童友们到小河沟里去摸虾。这种思乡的情怀,在我心中只潜藏了几天,便成为一片模糊的幻影。我逐渐适应了南开的学习生活,并且爱上了这里的引路人——老师们。

早上六时起床,夜间十时进入梦乡,这就是我们的时间表。

我觉得时间的脚步是如此急促,一眨眼,一天便飞了过去。清晨,体育老师带着我们奔向平坦广阔的操场,伴着乐曲做一套早操,稚嫩的心肺尽情地吸吮充满花香的清新空气。这给我们带来青春的活力。不论是到食堂,还是去教室,我们几乎都是跑着,跳着,唱着,从来没有迈过八字方步,我们身上有用不完的劲。也真奇怪,那时在南开每个学生都住校,从来没有人贪睡不做早操。是的,南开管理学生的严格,那是有口皆碑的。

我时常想起高中一年级教我们英语的方老师。长期辛勤的劳动,在她额上留下几道皱纹。她住在中央大学宿舍,每天来上课,要走二三里地,刮风下雨、酷暑雾天,她从来没有迟到过。而每次往来,她总是抱着厚厚一摞练习本。我们的作业,她批改得很细。如果有谁偷懒没交,方老师很快就会发现。我因为感冒,缺了一次作业,她提醒我:"病好了,缺的练习,该交了吧?!"当晚我就补做完,第二天交给方老师,她竟说了几声"谢谢"。有一天风雨交加,她离开教室回家去,我们从窗户看见她一手吃力地撑着伞,另一只手抱着我们的作业本,瘦削的身体随时有被风吹倒的危险。两位同学和我立即奔下楼去,追上方老师:"天气不好,我们送您回中大。"她没有拒绝,眼里噙着泪水。一路上我们搀扶着方老师,迈过一个个小水坑。许多年过去,这个情景常在我的梦中出现。但是自我离开南开以后,一直没有再见方老师。

像方老师这样的,在南开不是个别。我们很敬爱教地理的王老师。他大学毕业不久,便来到南开中学。每次上课,他总是在黑板上挂几张地理图,解释时还增添了不少古代人文知识,使我们初步感知了祖国的美丽形象。我们都喜欢听他的课。我们的地理知识得益于教学用的挂图。一个周末的晚上,我和几个同学去拜访王老师,请他讲讲欧洲的历史地理。我们进了他的斗室,看到他桌上摆满绘图用的什物,不禁问:"王老师,上课时用的挂图都是您亲手绘制的吗?"他点点头,轻轻地说:"自己绘图,同学更易于接受。"王老师微薄的薪金有不少用于准备教材,自己却终年穿着一身洗得发白的中山服。后来我决心到北方报考大学,向王老师辞行时,他从笔筒里取出一支彩笔,说:"留作纪念吧。"这一别,我也没有再见王老师。

漫长的岁月没有冲淡我对南开老师们的怀念。相反,我越来越真切地体会到他们辛勤育苗的崇高爱心。我对南开高中的学习生活记得那么清晰,每一个细节都亲切无比。现在,我的案头放着一本由南开老校长张伯苓先生题写书名，1945年7月编辑、印刷的小册子：《南开高中》。里面选登了四五、四六两届同学的若干篇文章。尽管文字稚嫩，但是那些习作都充满了对学校和老师的挚爱之情。每当为一些事而烦恼和伤感的时候，我总是打开这本小册子，仿佛又见到了方老师、王老师……感受到南开的创办者、平民教育家张伯苓先生的精神力量。

北大的北楼——文学院

北京大学于1952年迁至西郊燕园以前,是在城里的沙滩,一幢庄严敦实的红楼就是她的象征。距沙滩不远的后街,有她的理学院。红楼偏西的一个院子是地质系。红楼偏北的一小幢灰色楼房,便是有过辉煌历史的文学院。至于工学院和医学院,是在西城,距沙滩红楼还有一段距离。

文学院北楼一点也不显眼,其中文、史、哲各系办公室和教室,都是很普通的房间。桌椅之类历经沧桑岁月,给人以陈旧之感。教员休息室更是简陋朴素。在文学院好像没有见过地毯,老式沙发也颇罕见。抗日战争胜利以后,北大从昆明迁回北平,1946年开始招收复员后的第一届新生。当时众多著名学者云集这里,文学院又成为人文荟萃之地。

一进文学院,映入眼帘的便是小小的橱窗,里面张贴着院所属各系开出的课程单子，有名称、授课人、学分数、上课时间、教室等。真是琳琅满目，百花齐放。这些课程仿佛天南海北的美味佳肴，特色鲜明。我们这些入学不久的青年，由于精神上的饥饿，真想把所有菜肴都品尝几口。

不知从什么时候起，北大文学院已形成这样的风气：著名教授总是自觉地开出多门课程，中西皆备，就是说，既讲国学，又讲外国文化。这方面的例子不胜枚举。说北大文学院著名教授，大都中西贯通，从事中西文化比较研究已有很久的历史，是并不过分的。

我就读于北大的时候，从教授们开的课程来看，在这里要做一名有声望的老师，是颇不容易的。当时的教授不但给本科生讲课，自己还要进行精深的专业研究。那时文学院的讲师人数不多，他们一般不讲主干课程，只开一两门选修课，选课的学生较少。

在我们的心中，教授是一个崇高的字眼，他们首先是讲课的学问家，只有他们才能开出多种有深度的课程。有件事在我心里留下了深刻的印象：中文系教授杨振声先生本来是讲中国古典文学的，某个学期他突然开出英文文学名著选读课程。在这个课程里，他讲的第一部著作就是荷马的《伊利亚特》。他不是泛论，而是逐字逐句地讲（从英译本中选出的），使我们感受到这部史诗想告诉人们：生命的价值就在于和邪恶势力做不懈的斗争。虽然杨振声先生的英语发音有时不够准确，但他对选文的精当分析，使我们受益匪浅。

外文系教授的课程并不都限于外国文学。例如朱光潜先生有时开出英诗课，主要讲雪莱、拜伦、济慈，有时又开诗论课，中西兼备，展示出中西诗歌美学的异同点，将文学与哲学熔于一炉，给学生以深刻的启迪。冯至教授除去精研德国文学外，对中国"诗圣"杜甫也有系统研究和独到见解。因此，他关于中国诗歌与德国诗歌之间的比较分析，便超出了文学的一种具体形式——诗歌的范围，而扩展至整个中西文化领域，给学生提供了一个新的视角。

文学院教授的教学并不"填鸭"。老先生们更加注意启发诱导。在哲学系开课的老教授中，熊十力和张颐可能是当时年龄最大的先生。他们的讲课很有特色。熊先生开出新唯识论一课，他每讲一段，便把手杖提起，轻轻地敲点离讲台近的学生，问"领悟了没有"。我们害怕他的手杖，教室前排几乎没有学生坐,这样熊先生的手杖也就"鞭长莫及"了。张颐先生也有这样的风度,他讲黑格尔哲学,有些我们听不懂,便直接告诉他。他点点头,用浓重的四川口音说:"下次再讲,今天讲的要不得。"这种虚怀若谷的精神,使我们更加敬重他。不论是熊十力先生,还是张颐先生,他们的讲课中都洋溢着强烈的探索精神。具体说,既探究外来的佛学如何与中国文化结合,成为中国文化的一个部分;又探究德国黑格尔哲学介绍到中国来,应如何消化吸收,与中国文化融合。

尤其使我难忘的是贺麟先生。1947至1949年间,他开始研究并翻译黑格尔的《小逻辑》。他依据德文原著版本,边译边将译稿给我们看。与我同时选读贺先生黑格尔《小逻辑》课的其他三位同学,德文都比我好。他们可以对照德文读贺先生的译稿。我对照的是英文本。贺先生约定,每个星期抽一个晚上到他家去讨论他的译稿。师母备好茶点,我们一到,她便到邻室去了。于是,贺先生的书房便成为我们师生五人的天下。贺先生很重视我们对《小逻辑》译稿的意见,有些他做了解释,有些他当场查对工具书,有些他说要考虑重译。正式话题过后,师生们便海阔天空地闲聊起来。贺先生几次提到,中国学者翻译外国哲学名著，在一些哲学范畴、术语上，应力求准确同时又带有民族特色，以便于中国读者阅读。他说，陈康译注的柏拉图的《巴曼尼得斯篇》，不但注释精当确切，而且在名词术语方面也很考究。例如《巴曼尼得斯篇》中的"Idea"，不译成"理念"，而译成"相"，这是很重要的再创造。当然，贺先生所谈并不限于哲学范畴的翻译。他研究外国哲学，翻译斯宾诺莎和黑格尔的书，力求使这两位哲学家和中国哲学衔接起来，以便加强中国哲学的建设。

现在回想起来，北大著名教授在教课中所体现的中西贯通，从一个侧面反映了北大在学术上的开风气之先。在中国近代，西方文明传入，要了解它，需要有个根底，这就是中国传统文化。学术大师们力求将祖国的传统文化与西方文化的精华融合起来，创造适合时代需要的中国新文化。在国学研究方面，便不能完全照搬以往的经学注疏的方法，或是清代乾嘉时代的考据法，于是试着将西方学术中的某些方法运用于国学的研究和整理上。基于这样的历史责任，教授们在讲课和科学研究中都在孜孜不倦地探索中西融合、创建中国新文化的道路。这正是北大文学院所体现的时代精神和学术开拓精神。尽管他们也有历史的局限，在两者的结合中并非尽善尽美，有得有失，但是这种探索是很有价值的。

不知从什么时候起，北大形成了一种风气：凡有教授之名的，即或他们还担任一些行政职务，除校长之外，都要履行开课的职责。我在北大读书时，管理校行政的秘书长是郑天挺先生，他在历史系开了关于明史的选修课。

北楼文学院的南边，大约有两百米的距离，就是图书馆。从外观上看，它并不宏伟。然而它在管理方面却有独到之处，学生们在这里借书或阅读是很方便的。图书馆一层西边的大阅览室，在周围的书架上放置着文科的工具书，便于学生们查阅。二楼东边的阅览室，放着文学院教授们指定的参考书。在图书馆里不仅可以看书、自习，还能随时向教授请教。教授们所用的研究室并不多，许多教授不在这里做研究，但也有以此为家的，例如季羡林先生在图书馆一层的西边有一间研究室，他白天在这里，夜间临近十时便离开图书馆，说明这里快要闭馆了。

北大的北楼很美，我时常想到它。学术史、科学史告诉人们：学术是世代相传而发展的。从总体上看，后代总比前代好，而且会越来越好。但是后来的创新发明离不开早年的准备和应有的基础。早年某些方面试验的失败，也给后代留下了宝贵的经验。由此我怀念北大北楼的学术氛围，特别是教授们关于中外文化结合的研究和探索。他们的劳作没有白费，他们播撒的知识种子，在学术文化的园地里早已开花结果。历史不能割断，学术史也不能割断。历史可以借鉴。当我今天在京郊北大未名湖畔漫步的时候，心里想着的是在沙滩北楼度过的令人难忘的四年学习生活。

永远的怀念
——记外庐先生

一、思考

作为老一辈的马克思主义史学家,侯外庐先生从事科学研究和培养学生的特点之一,就是他非常注重独立思考的训练,希望学生在科学上有所创造,有所前进。

1957年在侯先生主持下,我们开始了《中国思想通史》第四卷的编著工作。记得在第一次编著会上就发生了意见分歧,侯先生在他的回忆录《韧的追求》一书中说:"对韩愈思想如何分析,会上有不同意见,经过激烈的争论,多数人取得一致,但个别人有保留。"是的,争论在这次会上并没有得到完全解决。参与此书编著工作的老一辈学者因住地分散,和侯先生的接触较少。我们几个年轻人就住在历史研究所,随时可以向侯先生请教。在如何分析和评价韩愈的思想体系(不是文学成就)问题上,我们和侯先生做过几次讨论。各持己见,毫无拘束。侯先生并没有先定调子。讨论之后,由侯先生总结,请杨超执笔写成韩愈的一章,最后由侯先生修改定稿。

在《中国思想通史》第四卷编写过程中,关于社会史部分,侯先生的年轻助手们对他的封建土地国有制提出了一些质疑。侯先生很高兴,并不责备他们。他很重视这些意见。于是,助手们和侯先生研读《资本论》关于地租部分,研读《德意志意识形态》等书,又对一些关于中国封建土地所有制的重要史料加以分析。经过反复辨析,大家认为侯先生关于封建土地国有制的观点,是他长期研究中国封建社会土地所有制而提出的学术见解。既然是学术见解,就可以讨论。经过师生间的探讨和研究,侯先生对"国有制"的含义和范围做了明确的叙述,他说:"我所讲的'国有'即马克思所指的'国家'(例如东方专制的帝王)或'君主是主要的土地所有者'。这是封建社会中长期占支配地位的土地所有制形式,但它不是唯一的形式。"(《韧的追求》)

平时,侯先生面孔有点冷峻,有人见了他,觉得他不容易接近。开始我们也有这样的感觉，但是，后来我们在他领导的研究室里工作，随时可以和他讨论问题，逐渐有了这样的实感：哪怕有人不同意他的观点，或者对他的观点提出尖锐的质疑，他也从来没有愠怒过，没有显露出不愉快的神色。"文革"后期，侯先生身体不好，我有机会住在他家近一年。有一次他对我说："过去我和你们几位年轻人每隔两三天就要讨论一次学术问题，主要是要培养你们的独立思考能力。对我的观点，你们不要认为是我的学生，就全盘接受。你们要敢于对我的观点挑刺。"我是深深理解侯先生培养学生的苦心的。

我们师生间的文稿可以相互修改，侯先生鼓励我们这样做。我至今怀念和侯先生一起写书的美好时刻。那时，侯先生自己执笔写成的稿子送来，年轻人在他的稿件上有时也做文字修订，甚至是观点的修改。我们写的稿子，交给侯先生，一两万字，甚至三四万字，用不了几天，侯先生就把改稿送来。他改得很细，从内容到文字，从引语到分段，都做了详细修改。我们细读他的改稿，得益很多。侯先生平时很少给我们讲如何搞科学研究，然而，他通过和我们讨论问题，以及帮助我们修改文稿，亲切而又实际地带领着我们走上科学研究的道路。至今我仍能感受到当时读侯先生为我修改过的文稿后所获得的精神上的愉快。老师呵,您是我们走上科学研究道路的带头人!

二、"游泳"

侯先生幽默地对我们说:"是到水中去学游泳,还是在岸上读《游泳指南》,根本不下水呢?"我们的回答当然是:"只有下水,才能学会游泳呀!"侯先生好像抓住了什么,笑了起来,用浓重的山西口音说:"下水是要喝几口水的,不怕肚子疼吗?"我们知道他的话里含有深意。

三十多年前我不知道受到什么影响,总想有时间坐下来读几年书,做工作好像是浪费了光阴。我还有一个错觉:在工作中学习所获得的知识不够系统似的。侯先生关于"下水游泳"的话正是给我们做思想工作呢。

1953年我到西北大学不久,学校便让我给文科学生开逻辑学的课。有一次我正在讲课,看到时任西北大学校长的侯先生站在窗外,他一直听到我下课。我带着紧张的神情问他讲课中有没有错误。他带着鼓励的语调说:"错误还没有发现,大体上还是清晰的,不过举例大都是教科书上的老一套。其实,关于逻辑的举例,实际生活中有的是,你可以找一找,这样,你的讲课可能会生动一些。"侯先生的批评一点不错,我的举例全部是从逻辑书上摘出来的,干巴得很。后来我根据侯先生的指点,给西北大学法律系学生讲逻辑学课,好像有了一点进步。

侯先生是"教书出身",他二十七岁就在哈尔滨教书,老子的经济思想及其相关内容(后来写在《中国思想通史》第一卷中)就是他讲课的讲稿。后来,他又在香港从事过教学工作。他对教学工作是很重视的。他一直鼓励我不要脱离教学专搞科研工作,要我把这两者很好地结合起来。有一段时间他写书的任务很急,要我做些助手工作,于是根据他的建议,学校同意一年里有一半时间我在北京跟他写书,另一半时间回到学校教课。侯先生对我说:"你半年的研究成果,完全可以带回去讲半年。"我确实这样做了,大约有四五年的时间,我一学期搞研究,再一学期集中时间讲课(同时讲两门课,再加上一点专题报告),这样效果还好。侯先生跟我闲谈,有时也有一些表扬我的话，比如："你的文字写得比较清楚，这得力于你搞教学工作。时常讲课，要让学生听懂，你就得把讲稿写清楚，使讲话有条理。"有时候侯先生也批评我："你写的东西太呆板，可能写教材写惯了。其实教材并不是刻板的东西，也是可以写得很生动的。讲课切忌呆板，要讲得生动些，使学生容易接受。"

有几年我们在侯先生指导下写书，工作量很大，真正是夜以继日地干。侯先生不断地给我们加码。一开始，我们心里没有数，自问："能顶得住吗？"把加码的任务接过来，干下去，有了成果，交给侯先生。他看了笑眯眯地说："行嘛！这就是我的培养方法：在水中学习游泳。我看你们刚能肩负五十斤，我立即加码到六十斤；你能挑起六十斤的担，我立即让你挑七十斤的。这样你们就可以在工作中不断前进提高。"初时，我在"层层加码"的情况下觉得"苦"，但过不了多久，"苦"就变成了"乐"。如果没有侯先生的"层层加码"法和"下水游泳"法，也许我很久都不能独立工作。事过境迁，我回想起侯先生的这种培养青年科学工作者的方法，感到有不少值得回味之处。

三、青年

侯先生很喜欢青年。他在担任西北大学校长的几年间（1950—1958年。1953年他的工作重点已转到北京，很少来校），经常和学生接触，这是西北大学一些老人都记得很清楚的事。他时常在午饭时候到学生食堂去，和学生们谈心。在我的印象中，侯先生很少谈他个人的事，好像不善于谈心似的。西大的老人说："侯校长谈心，不是谈他个人的事，而是谈他的学术观点。"是的，完全是这么回事。他关于中国古代社会氏族制的影响和家、室的意义，关于中国"城市国家"的起源和发展，关于豪强地主与庶族地主等的认识，都属于他的创造性的学术观点，曾经在西北大学学生食堂的餐桌上不拘形式地跟学生们讲过。1952年，我到西北大学工作，有时到他宿舍请教。他不谈校政，不谈个人私事，总是讲述他的学术观点。有时我不能理解，和他有点小小的争辩。他笑着说："就谈到这里吧，等我想想再说。"

"文革"时期，侯先生由于遭受"四人帮"的残酷迫害，身体日益衰弱，脑血栓病情严重，那时我住在他家，他经常对我说:"我想易地疗养。"我问:"您想到哪里去?"他很明确地回答:"我想到西北大学去,我很怀念我在那里工作的几年时间。"显然,这一个愿望在当时是难以实现的。后来,"文革"结束,学校工作逐渐走上轨道,侯先生已瘫痪在床,别说到西安,连出家门一步也很难了。那时,我时常坐在他的床头,谈起西北大学的"旧人"。他总是说某某大学未毕业就调出工作,很能干,笔杆子很利;某某当时在学生会工作,组织能力很强;某某沉思不语,像个哲学家,很善于思考问题……谈的都是人家的优点。这些当年协助侯先生在西北大学工作的年轻朋友,在侯先生头脑里留下了深刻的印象,现在也都已年过花甲了。我想说明,侯先生所赞扬的不仅是青年。他多次向我说,在西北大学,文科方面的傅庚生、陈登原、陈直、马长寿教授等都是学有所长的著名学者,他们的学术贡献很大,西大文科的青年教师要依靠这些教授的培养。

侯先生到中国社会科学院历史研究所工作以后,他直接领导的中国思想史研究室,录用了几位青年同志。侯先生敢于用人。当时李学勤是一位二十刚出头的小青年,因病离开大学,在家疗养。侯先生看了他写的文章,又做了进一步了解,聘他到历史所中国思想史研究室,把很重的工作任务交给他。还有杨超,当时也是一位二十多岁的小伙子,同样病休在家。侯先生看了他翻译的文章,经过全面了解,也聘他到中国思想史研究室工作。20世纪60年代初,侯先生经过考核,又吸收了几位青年到中国思想史研究室工作。侯先生重视培养青年,对青年从德、才两方面有严格要求,重视梯队建设,集体攻关项目从不间断。"文革"以后,侯先生已不能亲自执笔,但由于有邱汉生老先生的指导,这方面的著作没有中断。

四、自责

有这么一种误解:侯先生仿佛是一位颇为自负且缺少自我批评的学者。其实不然。作为他的学生,我们相处近四十年,我深感他是经常自责,并从自责中吸取教训改进工作的。不过他的自责很少形之于色。是的,喜怒哀乐,侯先生总是深藏在心里,很少全然暴露于外。

1962年侯先生因失去老伴,心脏病发,住在北京宣武医院。我们几个年轻助手经常去看他。有一夜,他的精神好些,要我和他谈谈西北大学的情况。当时我是年轻教师,在学校没有兼任何行政工作,不了解学校的情况,我表示自己对这个问题没有兴趣。侯先生带着惊讶的眼神看着我,缓慢地说:"我想谈我那几年主持西北大学校政,令我抱愧的是,有些事我未能实事求是地办,在运动中伤了一些朋友。"我问:"您指哪些事?"他说:"比如'三反',比如知识分子思想改造运动。"我那时毕竟年轻,不假思索地说:"这些事和您没有关系,党支部领导,当时搞错的地方,后来都平了反。您在病中,最好不要想这些。"侯先生冷静地说:"我是校长,我怎么能没有责任?哪能像你讲的那么轻松?既然有过失,就要有认识,不能诿过于人。"侯先生的自责是深刻的,是真正的肺腑之言。

大约是1964年吧,侯先生率先研究方以智哲学,发表文章介绍方以智的"合二而一"说,在理论界和学术界引起较大的影响。不久就引起一场批判运动,说"合二而一"是"修正主义"。侯先生开始有点紧张,对我们说:"这是怎么回事?我简直不了解。方以智思想中确有'合二而一'的辩证思维,我这么看,杨献珍的文章也这么看,这错在哪里呢?"侯先生要我们把方以智的《东西均》整个再读一遍,然后对照侯先生写的分析方以智思想的文章,看看二者是否相符。我们仔细做了对比,觉得是契合的,没有什么毛病。侯先生说:"在这个问题上,我不准备做任何自责。我们要'坚持真理,修正错误'。我要坚持自己关于方以智具有'合二而一'辩证思维的观点。"在这个问题上,侯先生并没有因外界压力而有过什么自责一类的话。由此可以看出,侯先生的自责是真正发自心底的对科学负责的自责,而不是一种虚伪的不真实的自责。

关于我的老师侯外庐先生还可以写许多话,以上一鳞半爪的记录,特别显示出侯先生作为教育家的形象。我现在只写这个主题,其他方面只能俟诸他日了。

任继愈先生的尊师重道精神
——纪念任先生百年诞辰

2016年4月15日,国家图书馆开会纪念任先生百年冥寿。我收到通知后,准备了一篇短文《任继愈先生的尊师重道精神》,准备在会上宣读,表示对自己老师的缅怀。

唐朝韩愈说:"古之学者必有师。师者,所以传道、授业、解惑也。"(《师说》)这是至理名言,任何时代都适用。"尊师"指的是不忘老师的培育之恩,并非事事都照着老师的样子去做。孔子有言:"当仁,不让于师。"(《论语·卫灵公》)韩愈在《师说》中有这样的名句:"弟子不必不如师,师不必贤于弟子,闻道有先后,术业有专攻,如是而已。"至于"重道"的"道",是变化发展的。今天我们倡导的"道",不是儒家的道统,也不是佛家的佛统,而是我国全面实现小康社会的理想。扩而言之,"道"与"真理"具有相同的内涵。

任继愈先生的尊师重道精神，在他的著作《念旧企新：任继愈自述》一书中有集中的体现，该书于2010年8月由人民日报出版社出版，是任先生辞世后的第二年。

学界的许多朋友可能没有看过任先生的这本书，我看到已是2015年夏季。当时《人民日报》海外版记者采访我，送我几本书，其中有一本就是任先生的自述。我读了这本著作中"大学师长"一栏中的文章，自然地得出这样的结论：任先生是一位尊师重道的人文学者。

《念旧企新：任继愈自述·大学师长》中所记述的师长有汤用彤先生、熊十力先生、贺麟先生、吴宓先生、冯友兰先生、金岳霖先生、刘文典先生、闻一多先生、顾随先生、沈兼士先生、魏建功先生、钱穆先生、张颐先生、郑昕先生、郑天挺先生、马一浮先生，一共是十六位师长。还有一位与任先生同辈的学者艾思奇，在书中任先生以《艾思奇同志》为题记述了与他的交往。

在任先生对以上师长的记述中，我没有看到批判、批评的文句，所写所记都是任先生在与这些前辈学者接触中所受的启迪，构成他生前最美好的记忆。以下我想选择一些记述向朋友们介绍。

关于吴宓先生，任先生这样写道："1939年起，北京大学文科研究所招收研究生，我的导师是汤用彤先生和贺麟先生。汤先生是吴宓先生多年好友，贺先生也和吴先生很熟。毕业后留在西南联大教书，我有机会与吴宓先生相识。从汤、贺两位先生处得知吴先生的为人，用一个字概括，就是一个'真'字。他对人、对事、治学，不矫饰、不敷衍，他的言与行天然一致。"

这里对吴宓先生的评价很到位。后来的学人（包括我本人）虽然没有见过吴宓先生，但我们从关于吴先生在"文革""批林批孔"中的表现的记载中可以得出这样的看法：吴宓先生一生没有说过假话，没有任何矫饰伪装，在最困难的日子里也没有说过敷衍的话，这是多么难得！

关于刘文典先生，任先生在书中说："刘先生精考订，哲学、文学修养也很高。他曾赴云南西部滇缅战线慰劳前线将士。刘先生回来，在课堂上说起在宋希濂军部，即席赋诗祝捷。他吟诵其中的二首。他习惯于叼着香烟讲话，有些字句听不清，有句云：'春风绝塞吹芳草，落日荒城照大旗。海外忽传收缅北，尖兵已报过泸西。'刘先生讲，杜甫有'落日照大旗'句，这里古典今用，写出了军营气势。他得意地念了两遍，所以记住了。"这个记事说明刘文典先生赞扬抗击日本侵略者，满腔爱国主义情怀。

关于钱穆先生，任先生在自述中写得很丰满，因为从北大本科生起直到北大文科研究所研究生，任先生听过钱穆先生多次课。抗战爆发后，北大首迁至长沙，"同学们难以安下心来读书，都要到前方参加第一线工作。记得有一次欢送离校到前方的同学会上，有一位同学讲：'我渺渺茫茫地来到学校，我又渺渺茫茫地离开了学校。'钱穆先生针对这位要离开的同学的发言说：'我们这个时代非同寻常，每一位关心国家兴亡的人士，都要有清楚明确的目的，万万不可渺渺茫茫。前面有艰难的前程等待大家开拓……'"

还有："1946年，西南联大结束，三校各自回到原来校址。我将回北大。从重庆经成都转西安，回家探望老父。汤先生嘱托，过成都时看望他的两位老朋友，一位是吴宓先生，一位是钱穆先生。吴先生在齐鲁大学，钱先生在华西大学。钱先生住的地方比吴先生的好得多。钱先生知道我未到过成都，告诉我可以游游青城山、灌口，峨眉山、乐山比较远，且不是一个方向，如急于回西安就来不及了。还指点我每处花多少时间，途中费用也大致说了说。我虽然多年听钱先生的课，过去有过接触，也多属于问问学问，这次见面只谈了生活方面的琐事，娓娓而谈，亲切如家人，对钱先生的为人更增加了一层理解，如坐春风中。"这个记述是多么感人！

任先生还写了马一浮先生，其中有一段是这样写的："1938年冬，马一浮先生筹建复性书院，经重庆去乐山。我在重庆第一次与马先生见面。他举止雍容，白髯垂胸，语音洪亮，出口成文，用词典雅，给我留下深刻印象。马先生在重庆时，蒋介石约他见面，谈过一次话。我问马先生，见蒋时谈得如何？马先生说，他劝蒋'虚以接人，诚以成务，以国家复兴为怀，以生民忧乐为念……'像这样文词典雅约有一二十句，……马先生沉思了一两分钟，说：'此人英武过人，而器宇偏狭，乏博大气象。举止庄重，杂有矫揉，乃偏霸之才，偏安有余，中兴不足……'"

关于马一浮先生，任继愈先生还记有："马先生对儒学的继承和发展有极精辟的见解。他说孔子的儿孙不在孔府，曲阜只有孔子的奉祀人，没有孔学的继承人。孔子的嫡传儿孙是程、朱、陆、王，他们都不姓孔。马先生用禅宗语言把学术继承的道理表达得深透确切。此等议论，不见于文章、著述，弥足珍贵，恐成绝响，附记在这里。"

任先生在他的自述中，对汤用彤先生、熊十力先生、贺麟先生、冯友兰先生的治学特色和经验，做了详细的记述。这极其宝贵，有助于我们了解上述人文大学者的治学经验，便于学习、借鉴，并加以发展。

人文学术在传承中创新，在创新中传承；二者辩证地联系在一起，在研究方法上不可能完全抛开与文化遗产的联系，特别是经典文献整理方面的研究，如果不借鉴以往的成果，则寸步难行。人文学术借鉴以往成果越深，则在创新性上会越强。

我衷心希望我国年轻的人文学人向前辈学者学习。在尊师重道的基础上传承创新，青出于蓝而胜于蓝。

春风化雨
——记张岱年先生

衷心祝贺张岱老八十五寿辰,谨祝岱老健康长寿。

在改革开放的新的历史条件下,张岱老带头宣传祖国优秀传统文化,在社会主义精神文明建设中做出了卓越贡献。由此我想起杜甫《春夜喜雨》名句:"好雨知时节,当春乃发生。随风潜入夜,润物细无声。"优秀传统文化对人们精神世界的滋润,仿佛春雨浸润万物一样,虽然"细无声",但它的哺育功能却是不可低估的。当前有些人习惯于只看到有形的物质利益,往往看不到甚至漠视无形的精神作用,最好请他们读读杜甫的这首诗。

张岱老在《文化发展的自觉设计》一文(发表于《华夏文化》1994年第1期)中说:"传统文化已达到的真、善、美,不但不应排弃,而且应加以发扬。对于西方文化的真善美的成就,应该努力学习，认真吸取，主动拿来。对于今后文化发展的道路应有自觉的设计。"许多学者和教育工作者都在研究这个问题。具体言之，优秀传统文化和传统美德的研究和普及，已引起越来越多的人的注意，有些方面已达到"自觉设计"的程度。例如研究优秀传统文化的书刊和大学开设有这方面的课程已引起教育部门领导的关注和重视。可以断言，优秀传统文化和传统美德的教育，将会出现一个新的令人欣喜的局面。

今年2月初我给张岱老写了一封信，谈到提高十二亿人口素质的问题。2月18日张岱老给我回信说："接来信，十分高兴！提高人口素质，确是一个重大问题，弘扬祖国的优秀传统文化，实有益于提高人口素质，此乃吾辈所应担负的历史任务。我们不是复古主义者，也不是新儒家，但确信传统哲学中的精粹思想，至今仍能发放真理的光辉，对于正人心、移风易俗确有助益……"事实正是这样。文化演进和发展的规律告诉人们：一个国家的文化，其民族化越是充分，民族的优秀文化越是发扬充分，则越加容易准确而有效地吸收世界文明的优质。民族化才是国际化的立足点和基石。我们应当像张岱老所说的那样，在研究和弘扬民族的优秀传统文化方面做更多更好的工作，而且力求在传统和现实之间架设桥梁。因为重视优秀传统文化，还是为了创造和发展社会主义新文化，是为了"正人心、移风易俗"。

总之，用"春风化雨"这四个字来概括张岱老的学问、道德、人品是非常恰当的。谨祝张岱老在传统文化研究的园地不断取得新的果实。

（1994 年 5 月 17 日）

史念海先生的学术研究与"西北"情怀

我有机会参加在陕西师范大学举行的"史念海先生百年诞辰纪念大会",感到荣幸。

我讲两个方面:

一、我认识的史念海先生

史念海先生(1912—2001年),山西平陆人,字筱苏,著名历史地理学家,为历史地理学学科的发展与成熟做出了重大贡献。

1932年,史先生考入北平辅仁大学历史系。1934年初,《禹贡》半月刊创办并随之成立禹贡学会,史念海先生从一开始就成为《禹贡》的主要作者和禹贡学会会员。1936年,史先生大学毕业后协助顾颉刚编辑出版刊物。禹贡学会的活动为中国现代历史地理学的形成和发展奠定了坚实的基础。史念海先生走上历史地理学治学道路，与禹贡学会的强烈爱国主义思想与严谨治学的精神熏陶有密切的联系。

1937年，史念海先生为避敌追捕，辗转来到后方，先在西安之西北文化学社及陪都重庆之国立编译馆担任编辑与副编审等职，后又进入大学从事教育工作，曾担任迁至重庆北碚之复旦大学副教授与兰州大学教授兼代系主任、西北大学教授等教职，并继续从事历史地理研究。他的大多数研究工作仍然在沿革地理学的范围内，虽然这项工作可以为世所用，但范围与程度毕竟有限。史先生积极探求中国历史地理学的新出路与学术生命力。

1944年，由重庆史学书局出版发行的《中国的运河》，是史先生推进历史地理学发展的重要成果之一。它以运河变迁与水利得失为切入点，网罗历史上历史事件与人事变动，较好地反映了人与自然相互作用、相互影响的辩证关系。这部学术著作，还体现了史先生对中华民族神圣抗战事业的必胜信念和期待祖国光复后能迅速富强的美好理想。

新中国成立不久，史念海先生在院系调整中从西北大学调至新分建的西安师范学院（后改名为陕西师范大学），史先生长期在历史系任教授兼系主任，后又升为副校长。

史先生关于中国历史地理学的研究，从地理沿革方面，逐步迈入经济历史地理、军事历史地理、自然历史地理，不断增强野外考察，真正实现历史文献与野外考察的有机结合，从而剔除谬误，掘发新知，促进了中国历史地理学学科的成熟和研究的深入展开，也使该学科研究内容日益丰富，研究对象日益明朗。这个学术的飞跃，虽然并不是一帆风顺、一蹴而就的，但整体上体现了对国家、社会、民生以及未来发展的密切关注，其中灌注的除严谨的治学态度外，依然还有崇高的爱国主义精神和情结。

我属于史念海先生的学生辈。20世纪50年代初，新中国成立不久，西北大学的教育系独立成校，名西安师范学院。50年代初，我曾跟随西北大学校长侯外庐先生去西安师范学院看望陈高佣先生和史念海先生。在车上，外庐先生告诉我："史先生是历史地理学家，学术研究功力很深。我的汉代社会史和思想史，曾经参考过史念海先生关于司马迁研究的成果。"侯外庐先生在《中国思想通史》第二卷考察董仲舒的思想品格与汉武帝的政治活动的关系时,就多次注意和吸收了史先生的考证成果。

后来,在1989至1998年间,在郭琦先生的倡议和主持下,由郭琦先生、史念海先生和我担任《陕西通史》的主编。郭琦先生辞世后,史念海先生担起了这部著作编写和审稿的主要任务。此时我和史念海先生有了较多的接触。我对史先生的为人和治学十分敬佩,最深刻的印象是:他继承了我国古代学人的优良传统,勤奋严谨,经世致用,宽厚容忍。他对于一些不同的学术见解,从来没有说过讽刺的话,而是提醒作者对一些问题再进行研究。他强调:一个治史的人,一个以治史为终身爱好的人,应当知兴替,识大体,通古今。这些在史先生身上都得到了体现。由史先生亲自定稿的《陕西通史》秦汉卷、隋唐卷,凝聚了史先生的丰富智慧和辛勤汗水。

20世纪80年代,白寿彝先生来西安,到陕西师大拜访史念海先生,邀请他参加《中国通史》多卷本的写作。白先生离开西安前,我请他到西北大学给历史系师生做一次讲演。白先生在讲演中强调:治史的人应当有会通的眼光、会通的知识、会通的成就。他把南宋时史学家郑樵《通志·总序》中论述的"会通之义""会通之旨""会通之道"加以阐述,要今天的史家加以发扬光大。白先生在举例中说,侯外庐先生研究中国思想史,其成果名《中国思想通史》,"通"就是会通。还有史念海先生1944年出版的《中国的运河》,以及史先生关于经济历史地理、军事历史地理、自然历史地理的研究,将历史文献与野外考察密切结合,显示了历史地理学的会通特色。

今天重提白寿彝先生的话,特别是他对史念海先生历史地理学研究的评论,有助于我们对史先生治史特色的理解。

二、史念海先生治史的经世致用与"西北"情怀

史先生长期在陕西师范大学工作,对隋唐历史地理、中国古代疆域沿革、军事历史地理、自然历史地理等都有专门的研究,是我国历史地理学的大家之一。

史先生在《唐代历史地理研究》的序中说:"历史地理学是一门有用于世的科学,如何有用于世?农业应首先在注重之列。民以食为天,不发展农业,如何能养活起这样众多的人口?前代的经验得失还可作为今世取法参考"。"以致用为目的,

就在现在来说，也是符合地理学和历史地理学的要求的。因为地理学和历史地理学都并非空谈理论，不切实用的学科，尤其是历史地理学的研治者不能仅以发思古之幽情，就自以为满足。"(《唐代的地理学和历史地理学》，见《唐代历史地理研究》)史先生深受清初顾炎武的影响，继承了乾嘉学派的治学功夫，他的学术研究中饱含着浓郁的现实责任感。

史念海先生在历史地理学中研究的"西北"特色，最早可以追溯到1938年他与顾颉刚先生合著的《中国疆域沿革史》。史先生原籍山西，对黄土高原并不陌生。他与西北结缘有一个过程。重视疆域变迁的历史考察，使史先生初步认识到西北的重要性。

史念海先生在隋唐历史地理学领域取得引人瞩目的成绩，他胸怀满腔的爱国热忱，认为："吾人处于今世，深感外侮之凌逼，国力之衰弱，不惟汉、唐盛业难期再现，即先民遗土亦岌岌莫保，衷心忡忡，无任忧惧! 窃不自量，思欲检讨历代疆域之盈亏，使知先民扩土之不易，虽一寸山河，亦不当轻轻付诸敌人"。(《中国疆域沿革史》)今天的中国已不是数十年前的中国，但是，我们仍然要知道先民扩土之不易，虽一寸山河，亦不当付诸他人。

在改革开放的新时期，关于史念海先生在学术研究中的"西北"情结，我不做详细介绍，只是提到若干重要方面，并略加发挥：

1. 史先生通过对我国历史上黄土高原水土流失与耕牧方式关系的考察，提倡精耕细作，充分发挥土地效益，保护生态环境。他强调，在西北既要发展一定的农耕地区，也要保持相当的畜牧地区。(《司马迁规划的农牧地区分界线在黄土高原上的推移及其影响》，见《河山集》第九集)只有这样，才能使黄土高原和整个黄河流域的生态有一定的改善。

2. 史念海先生倡导中国古都学，1998年7月在北京中华书局出版的《中国古都和文化》，在学术界产生了很大影响，还有史先生任主编的《西安历史地图集》，其学术的现代价值也是显而易见的。他对汉唐时期长安城及其周围自然环境、生态状况、川原分布都很熟稔，如数家珍，将自然历史地理变迁与人事变迁综合考察，字里行间，倾注了对长安城的热爱之情。如《汉唐长安城与生态环境》《西安地区地形的历史演变》《黄土高原的演变及其对汉唐长安城的影响》《环绕长安的河流及有关的渠道》(《河山集》第九集)。他考察关中的历史变化,追溯作为现代关中重要都市——西安的历史渊源(《古代的关中》,见《河山集》第一集);讨论泾渭清浊、周原及它们的历史变化(《论泾渭清浊的变迁》《周原的变迁》,见《河山集》第二集);关注陕西蚕桑业的历史发展和经验(《陕西地区蚕桑事业盛衰的变迁》,见《河山集》第三集);勘察研究陕西、甘肃军事历史地理(《陕西省在我国历史上的战略地位》《陕西北部的地理特点和在历史上的军事价值》《关中的历史军事地理》《秦岭巴山间在历史上的军事活动及其战地》,见《河山集》第四集;《西北地区诸长城的分布及其历史军事地理》,见《河山集》第七集);等等。

3. 史先生关于水资源的论述,这里从略。

(2012年)

忆郭琦先生

一、初识

1977年在我的生活史上是一个不吉祥的年头,整整病了半年,查不出病源。后来倒是查出了,医生说要进行手术化验,化验的结果不是大病。我从北京宣武医院出院的那天,觉得天格外明亮,好像获得了新的生命。出院后没几天便匆匆赶回离别了数月之久的古城西安。

当时,高考制度恢复。高校仿佛一个久病的人突然恢复了健康,百废待兴。学校的气氛真好。我从北京回来不久,听说学校来了新领导,名叫郭琦。

一天,校长办公室来人告诉我:郭琦先生想和我谈谈,要我定个时间。这给我留下了深刻的印象。过了多年"呼之即来,挥之即去"的生活，现在突然要我确定见面的时间，这真有点反常。

见面好像是老朋友。郭琦先生首先开口："1956年我在《人文杂志》上读到你几篇文章，那时你只有二十多岁吧！"我不知道该说什么。接着他问起我的老师侯外庐先生，并说读过外庐先生的《中国思想通史》。郭琦先生带有川味的普通话说得准确亲切，表情又是那么真挚，使我忘记这是我们的初识，仿佛我们早已经是文友了。

接着他的话进入了正题："我们经过研究，决定请你出来担任历史系主任。经过再三斟酌，要请你出来。"这完全出乎我的意料，我没有想过这方面的事。

"我没有做过行政工作，而且我要经常跑北京，帮外庐先生做点事情。"我坦率地说。

"我相信你会做好的。系主任最好由学术带头人来担任，这不会影响你的学术活动。"由于孤陋寡闻，当时我竟不知"学术带头人"指何而言。我觉得郭琦先生所谈非常新鲜，和我在以前的日子里听到的声音完全两样，好像大地翻了个儿。说实在的，我接受做西大历史系主任，大半是因郭琦先生的诚恳态度。我觉得他是一位可以信赖的大学校长。

二、访日

1980年春,由郭琦校长任团长,组成西北大学赴日考察代表团。接待我们的是日本京都大学,以及京都的一批年轻汉学家。

这是西北大学迎着改革开放的春风,以学校的名义迈向国际教育和学术界的第一步。现在看起来简单,可是在当时迈出这一步并不轻松。

我们抵达京都的当天下午,京都大学派人来谈访日日程的细节安排。我作为代表团的副团长陪同郭琦校长参加日程的讨论。在我的印象中,郭琦校长平易随和,听完日程安排的说明以后,他说:"中国有句俗话'客随主便',主人为我们客人安排的日程,我认为很好,就这么办吧。"京都大学国际交流中心的朋友说:"请郭先生提出修改意见。还计划到什么地方去,请先生不用客气地提出。"郭琦校长笑着说:"西北大学和京都大学是首次见面,今后我们之间的往来会很多。第一次来不要把什么都看了。中国古典小说,每一章回的结尾写道:

'欲知后事如何,且听下回分解。'我对访问日程很满意,我们没有其他计划。"我们没有想去东京,或者到离京都很远的地方,这不仅是考虑到日程很紧,也不想增加日本接待单位的负担。来日方长,何必急于一时?翌年,即1981年我应邀到京都大学做三个月短期讲学,京都大学校长在接待我时亲切地问候郭琦校长,有这样的赞语:"郭琦先生上次访日,给我们留下了非常深刻的印象。他是一位长者,一位非常通情达理的长者。"这个评语是多么贴切啊!

郭琦校长访问期间几乎每天都有宴会,在这种场合他热情地回答日本朋友所提关于中国饮食、艺术、名胜古迹和大学教育等方面的问题,双方增加了了解。不论在什么场合,郭琦校长始终稳重安详,挥洒自如,表现了我国重点大学校长应有的令人折服的教育家的风度。这种风度给人的印象不是傲然,也不是自卑;不是得意忘形,也不是卑微委琐;不是语言乏味,也不是滔滔不绝;不是木然,也不是轻浮。他给人们留下了将学术和外交熔于一炉的长者形象,使人觉得他是那样豁达大度,而又非常执着于自己的事业。这次访日不但签订了西北大学和京都大学学术交流的协议书,而且初步奠定了西北大学和京都同志社大学日后交流的基础。郭琦校长此次访日和京都的年轻汉学家们结下了深厚的友谊，他们成为西大和日本一些大学进行学术交流的桥梁，后来事情的发展完全证实了这一点。

三、校园

在郭琦先生到西大以前，校园似乎缺少些什么，显得有点单调。郭先生特别重视营造校园的文化艺术氛围，在经费短缺的情况下，他开始设计园林化的构图。

早先郭琦先生主持陕西师范大学校政，在学校环境的园林化方面积累了不少经验。他到西大以后，经常在校园漫步，和其他同事，包括生物系的老师商量，于是产生了一个校园园林化的设想，经过努力终于使校园面貌有所改观。

许多年过去，郭琦校长已经离我们而去。今天，师生们在园林里漫步、聚谈、读书的时候，可曾想到"前人栽树，后人乘凉"这个道理？现在一进西大的西门，映入眼帘的便是一个音乐喷水池。池水里镶缀着彩色小灯泡，每到夜间，池里喷发的水柱成为五彩缤纷的水龙，伴着音乐跳动，歌唱。这种情景，简直使人流连忘返。

由音乐喷水池往东走不远，便是名为"紫藤园"的颇具特色的小园。那里走廊蜿蜒曲折，上面覆盖着葡萄架。园的中心有一座假山，四周是一片紫色花圃，配上苍劲的藤条，透出一种刚健之美。

我最喜欢校园中心的一片绿色草坪，它给西大带来清新的韵味，像是表征这里的学术文化气氛。这是一幅包含朝气和灵性的图画。

我还想提到，西大宾馆的修建也是出于郭琦先生的倡议，建成的时间大约是20世纪80年代初吧。郭先生几次提出，他预感到，西北大学作为古城西安的一所综合性大学，过不了多久，在国际和国内的文化学术交流中肯定会有不少的事情要做。西大自建一座宾馆，配以相应的设施，实在是必要的。事情的进展正如郭先生的预测一样。这使我十分钦佩他的卓识远见。后来当我代表学校在这个宾馆里接待国内外朋友时，我总会想到郭琦老校长。

四、善诱

在郭琦先生担任西大党委书记兼校长的几年间,西大几次发生学生罢课的事。

历史系的学生时常卷入罢课的旋涡。不论罢课的原因,作为系主任的我,是不愿看到这种现象的。史无前例的十年刚过去不久,我们这些做老师的看到环境安定,学校教学秩序恢复,心里有说不出的高兴,衷心希望自己的学生能抓紧机会坐下读几年书,以补偿过去浪费的时间。

有一次历史系学生突然宣布罢课,提出要和学校领导"对话"。我将此情况告诉郭琦校长,并且说如果他觉得不方便和学生见面,我可以继续做学生的工作。他在电话中对我说:"今天晚上七时我一定来和历史系同学谈心,请你们安排吧。"

"文革"的阴影仍然残留在我的心上,今天晚上的会不至于成为蛮不讲理的"大批判"重演吧?晚上不到七时,学生们已经挤满大教室。和"文革"期间不同,没有声嘶力竭的呼口号声,也没有粗野的呵责声。学生们安静地等待与校长见面。

郭琦先生准时来到,没有带别的人。他同我们打了招呼,要我来个开场白：我要学生们先讲话，有什么意见和要求尽管提出来，学生们一个接一个地发言。叙述历史系的某个同学挨打，学校迟迟不做处理；伙食不理想，吃饭时拥挤不堪；学生宿舍管理不善，经常出现夜半歌声打断别人的好梦；等等。其中既有对学校管理不善的批评，也有吁请尽快改善学习环境的呼声……学生们宣布他们已经罢了一天的课，如果学校再不解决学生挨打的问题，他们将继续罢课。这时学生们高呼"请郭校长回答问题"。当郭琦先生从座位上站起来的时候，全场一片肃静。

　　他一开始就说，今天他到历史系来和同学见面感到十分高兴。今晚的会和他过去在"文革"期间受批斗时的情况完全两样。他叙述了他在"文革"期间的种种厄运，令人心酸。转而又讲了国家在拨乱反正期间取得的成就，以具体的事实证明稳定来之不易，大学的正常教学秩序尤其来之不易。今天高考制度恢复，学生到学校读书，教育工作者梦寐以求的事终于实现了。说到这里，他沉思片刻，让学生们和他进行默默的感情交流。转而他大声说学校的管理存在许多问题，正在设法解决。他着重就学校一定要有纪律，打人者要按校纪处理。他劝告学生们立即上课，如果学校的诺言不能兑现，可以到校长办公室去找他。……他的话刚一结束，教室里便响起热烈的掌声。

郭琦先生多次处理学生的事，表现了教育家的宽阔胸怀和循循善诱的教育方法。既坚持原则，又考虑到客观现实；既严格要求学生，在人的处理上又很慎重。不少校友每每回想往事，老校长郭琦循循善诱的形象都和他们对母校的怀念联结在一起。

五、不倦

郭琦先生的家不在学校，他离开西大以后我们见面的机会就很少了。

1990年春节我到他家去拜年，发现他苍老了许多，动作有些呆滞，倦容非常明显，但吸烟的习惯一直没有改掉。我劝他少抽点烟，工作时间尽量减少些，并且告诉他，这一年的9月将在扶风县法门寺召开法门寺历史文化国际学术讨论会（其时我在陕西省社科联任书记和主席），请他一定去参加，并在会上讲话。他很高兴，说届时肯定去，并有件事想和我商量，就是计划编写一套关于陕西通史的书，分若干册出版，希望史念海先生和我同他一起担任主编。他深情地说：我们三人都不是陕西籍，但我们在陕西生活工作了几十年，对陕西有深厚的感情，应当为陕西多做些事。郭琦先生在说这些话的时候，心底真情流露，朴素而深刻。

此后，《陕西通史》编委会的成立、经费的筹措、全书的体例，以及各个分册的基本内容的确立，都是郭琦先生思考和奔跑的结果。陕西师大出版社的几位朋友做了许多具体的工作。现在这一套书已到开花结果的时候，出版了十几个分册，可惜此时策划者郭琦先生已经离我们而去了。

1990年8月，我们在陕西师大开《陕西通史》编写工作会议，郭琦先生因心脏病住院，未能参加。会后我们去看他，他不谈病情，感兴趣的仍然是《陕西通史》的编写工作。我再次邀请他9月份去法门寺参加国际学术讨论会。他说："我一定去。"

法门寺国际学术讨论会开幕的那天，正好下雨，郭琦先生没有来。我想，第二天只要天气转好，他会来的。当会议快闭幕的时候，突然传来了令人难以接受的噩耗：郭琦先生因心脏病再次发作，急救无效。……这难道是真的吗？好久我都不相信这是真的。……

郭琦先生离我们而去了,他走得太快,七十三岁在今天并不算是高龄。

郭琦先生是一位既有理论素养又有实践经验的教育家。

郭琦先生是一位学人,他的坦诚的性格,他的渊博的知识,以及他的分明的爱憎,他身上的优点以至弱点都是学人的特征,他是我国优秀知识分子队伍中的一员。

我们不会忘记郭琦先生,他的朋友和学生尤其会记得他。岁月在流逝,时代在变化,但人们奉献于世界的经验和学识却是永恒的。郭琦先生的经验和学识,人们不会忘记。

悼念白清才同志

长期担任本刊《华夏文化》顾问的白清才同志于2016年11月6日因病在他的故乡山西逝世，本刊同人表示沉痛哀悼。

白清才同志于1990年任陕西省省长后，曾担任陕西省轩辕黄帝研究会会长，他热情指导、支持研究会的各项学术活动，在西安召开中国思想史研究、老子思想研究、黄帝研究等全国性学术会议。又支持出版关于人文初祖黄帝的历史资料，如《五千年血脉》等。

白清才同志尊重人文学术研究者，经常听取他们的意见和建议。

白清才同志喜欢读《华夏文化》（陕西省轩辕黄帝研究会

主办的文化普及杂志），曾对杂志主编说：像这样雅俗共赏的文化学术杂志应长期办下去，这对传播中华优秀传统文化很有好处。

　　白清才同志对山西、陕西的丰富文物情有独钟，经常和学者们一起进行研究，曾经提出过很有见地的论点。

　　白清才同志是我们《华夏文化》杂志的老朋友、好朋友，今天我们纪念他，缅怀他，同时要把杂志办得更好！

（2016年）

庆贺清华大学历史系建系九十年

感谢清华大学历史系邀我参加建系九十周年座谈会。

我于1950年夏从北大哲学系本科毕业后,考进清华哲学系读研究生,与历史系没有多少联系,当时有一个印象:哲学系名教授大都外出参加土改等活动,没有时间给学生做学术讲座,但历史系教授还有这方面的活动。

1952年清华全部文科停办,到20世纪90年代开始恢复重建,这时我有机会到清华人文学院,对重建中的历史系有所了解,一个突出的印象是:清华恢复重建历史系,在许多方面保留了历史系的一贯特色,并加以推进和发展。

对此,我想谈以下三点:

一、九十年来，清华大学历史系一直践行"中西融汇""古今贯通"的办系理念

20世纪初，中国大学的人文学术研究提出了"中西融汇"的新理念。清华国学研究院导师王国维对此有明确的表述，他说："今日之学，未有西学不兴而中学能兴者，亦未有中学不兴而西学能兴者。"（《国学丛刊》序）

与此相关，在史学研究上，王国维提出了"双重证据法"，即"取地下之实物与纸上之遗文互相释证"（陈寅恪：《王静安先生遗书序》）。

清华国学院于1925年成立，1929年撤销，但其影响并不限于五年。我不同意有"清华学派"之称，因为王国维和梁启超的学术活动并不限于在清华国学院的几年，不好说他们就是清华学派。20世纪90年代，针对这个问题，我和当时清华大学人文学院负责人徐葆耕先生有过争论。争论归争论，我们还是好朋友。

王国维、梁启超对清华的最大贡献在于他们学术思想中的"中西融汇"和"古今贯通"的思想。

国学院停办后，陈寅恪（国学院导师之一，当时他还没有发表能代表他学术思想的著作）被聘为清华中文系和历史系的"双聘教授"，主讲佛经的翻译问题，并进行中外文化比较的论述，这对清华大学历史系和中文系的学术建设有很大影响。至于国学院的另一位导师赵元任，他是语言学家，对清华大学中文系、外语系都有学术影响。

清华历史系中西融汇、古今贯通的学术风格，还得力于雷海宗教授。他曾在清华学堂读书，后来在美国芝加哥大学获历史博士学位。1932至1952年在清华历史系任教，曾担任历史系主任。1952年因清华文科停办，调天津南开大学历史系任教，1962年病逝于天津。雷先生对清华历史系影响至深。

雷海宗教授西学功底深厚，有学者评论说：在清华历史系能够同时开出中国通史和世界通史课程的只有雷海宗，不知确否。但有一事是不能否认的，抗战期间，在西南联大，清华雷海宗与北大钱穆两位先生同时开出中国通史课，吸引不少学生听讲，传为美谈。

雷先生的史观受到施本格勒文化形态论的影响，这是学者都知道的事情。抗战期间，雷先生除在西南联大讲课外，还主编《战国策》杂志，其中对中国共产党有微词。重庆的马克思主义史学家予以批评，周恩来同志指示：我们同雷先生之争是学术之争，不是主要矛盾，不要再批《战国策》了。

二、清华历史系的特色是：中国史与世界史并重

这个传统固然有清华国学院的影响，但也不只是这个影响。1929年，当时清华校长罗家伦聘请蒋廷黻担任历史系主任，并制订历史系的教学计划。蒋先生专攻中国近代外交史，他主张学生先读西洋史，即世界史，然后研究中国史，二者皆不可少。蒋廷黻请雷海宗到清华历史系教书，也是由于了解雷海宗具有会通中外历史的本领。由此开端，清华历史系九十年来传承发展这个传统，没有中断。

恢复和重建清华历史系，是在20世纪90年代。当时清华教授刘桂生力主世界史与中国史并重的建系方针，北师大刘家和教授也建议要维护好、发展好清华历史系这个优良传统。在

改革开放新的历史条件下，恢复和重建清华历史系，在聘请教师时都注意中外历史会通的问题。

中国史与世界史并重，其内在精神是：把中国史放在世界史的背景中加以考察研究，才能看到中国史的特点，这就是中外历史比较的作用。不仅如此，中华文明对人类文明的贡献，也只有放在世界历史中去审视，才能得出应有的结论。

中国史与世界史并重，在人才培养上，便表现为：既要有世界史的视野，又要有中国史的素养，二者结合，才是21世纪中国所需要的史学人才。

中国史与世界史并重还体现在：为开辟中国和世界交流对话的新境界而培养史学人才。2016年，北京召开了以构建融通中外的话语体系为主题的首届新华社国家高端智库论坛。此论坛提出要"做到学贯中西、兼收并蓄，使中外话语体系更好地相融相通。我们要以宽广的国际视野和海纳百川的胸怀，观察中国、理解世界，既不故步自封，又不照搬所谓西方流行概念、分析框架、理论体系，从而使中国话语体系更好地走向世界"，值得我们参考。

今天的清华大学历史系是否能够做到这一点呢？我以为是可以的。何以见得？我想举 2016 年 1 月 23 日《光明日报·理论·世界史》发表的清华历史系教授彭刚的文章《当代欧美史学中的多元化、碎片化与历史综合》，此文对欧美史学的某些倾向（即碎片化）提出了学术批评。我读后感到彭刚同志的这篇文章说服力很强。

当前，人们交流思想时会运用 PPT（多媒体课件），这是一件好事。但是我们从多媒体课件演示中有时也会看到这种情况，就是理论的碎片化，罗列的条目很多，但缺少内在联系，缺少论说的重心。

三、提出几个问题供参考

关于中国史与世界史并重，我想提几个问题：

1. 中国史与世界史并重，在清华历史系本科教学计划中如何体现？有哪些经验？还有哪些有争议的问题？天津师大历史系好像也是提的这个方针，他们的情况与清华历史系有何异同？

2. 这个方针在培养硕士生和博士生是否有效？如何体现？

3.清华历史系如何看待大学学科建设的"排名"？怎样才能不为"排名"所误，同时又从"排名"中吸取经验？

4.清华历史系恢复重建近三十年来有哪些经验和不足？

（2016年5月7日）